“玩”全

李建华 著

二维码营销

電子工業出版社
Publishing House of Electronics Industry
北京•BEIJING

内 容 简 介

这是一本关于二维码的百科全书，这也是一本关于营销思路的总结，既适合二维码及营销人士的专业阅读，也可以作为普通大众的科普读物。通过这本书可以让我们正确认识和利用好二维码，同时也能学到微博、微信、电子商务、O2O及移动互联网方面的最新营销模式。

未经许可，不得以任何方式复制或抄袭本书之部分或全部内容。
版权所有，侵权必究。

图书在版编目（CIP）数据

“玩”全二维码营销 / 李建华著. —北京：电子工业出版社，2016.8
ISBN 978-7-121-29462-4

Ⅰ. ①玩… Ⅱ. ①李… Ⅲ. ①二维－条形码－应用－市场营销学 Ⅳ. ①F713.50

中国版本图书馆 CIP 数据核字(2016)第 170339 号

策划编辑：杨　璐
责任编辑：徐津平
印　　刷：三河市双峰印刷装订有限公司
装　　订：三河市双峰印刷装订有限公司
出版发行：电子工业出版社
北京市海淀区万寿路 173 信箱　邮编 100036
开　　本：787×980　1/16　印张：14.5　字数：186 千字
版　　次：2016 年 8 月第 1 版
印　　次：2016 年 8 月第 1 次印刷
印　　数：3000 册　定价：59.00 元

凡所购买电子工业出版社图书有缺损问题，请向购买书店调换。若书店售缺，请与本社发行部联系，联系及邮购电话：（010）88254888，88258888。

质量投诉请发邮件至 zlts@phei.com.cn，盗版侵权举报请发邮件至 dbqq@phei.com.cn。

本书咨询联系方式：010-51260888-819　faq@phei.com.cn。

序

为什么要写这本书

这世上的事物，有的有趣，有的有用。有人喜欢有趣多一些，有人喜欢有用多一些，而我，喜欢既有趣又有用的。二维码既有用又有趣，于是在2007年，当我第一次遇到了二维码，便爱上了它。职场风云变，聚散公司间，很多人由一个公司到了另一个公司，由一个行业到了另一个行业，干一行爱一行。这些年，我也换了几家公司，可我是一根筋，对二维码的这份爱，至今十年，不曾改变。好在造化弄人，天意垂怜，现在所在的公司也和二维码营销相关。

在传统领域，二维码主要用于商品领域，如商品管理、防窜货等领域。互联网和移动互联网兴起之后，出现了电子凭证和扫码互动应用。伴随着电子商务、微信营销的发展，又出现了二维码支付、扫码抽奖、扫码打赏等应用或营销模式。时代在变，新应用、新模式不断出现，而二维码的应用也总能推陈出新，和新应用模式相辅相成，这也正是二维码的魅力所在。

微信扫一扫让二维码风靡，微信可谓二维码的大推手，同时更是二维码的大玩家，二维码结合微信及抢红包的营销怎么玩？以淘宝为代表的电商，不仅将二维码用起来，更是将二维码用在了很多营销环节，具体都是怎么用的？通过 O2O 连接线下体验和线上购物，二维码是购物的未来方向吗？二维码就是 QR Code 吗？扫二维码安全吗？二维码能不能防伪？以后火车票会用二维码代替吗？丢失火车票会因二维码泄露个人信息吗？关于二维码的问题有很多。

我相信，这世界上的问题，只要你多想多做，势必能找到一个答案，至少能更接近那个答案，哪怕知道“无解”也是一种“解”。通过本书，我试图去概述整个二维码及其结合的营销应用，试图找到这些问题的答案，哪怕是接近于标准答案也好。书中不会出现特别高深莫测的新新理论，更注重浅显易用的实用操作。这世界不缺想法，缺的是做法。我不想像《后会无期》里说的那样——“虽然懂得很多道理，却过不好这一生”。

我期望写一本集科普性、趣味性、实用性于一体的书——一本手机二维码的教科书、二维码应用的读物、二维码营销的工具书！为了写好这本书，我坚持在每天自己头脑最清醒的时间段写作，一旦觉得头脑思绪不清，则会停止写作，只为写出一本好书。可谓“作成此书后，白了青年头”，但如果这本书对你能有帮助，我会甚感欣慰，足矣！

目 录

第 1 章
认识二维码及其基本应用

2015年在腾讯全球合作伙伴大会“互联网＋微信”分论坛上，微信官方第一次公开微信用户数据，其中，还加入了一个有意思的二维码应用，打开微信扫一扫，扫描如图 1-0-1 中的二维码，可以查看你是第几位微信红包用户，还能看到很多和你微信红包有关的数据，比如，收你红包的人最远和你相距多远。

图 1-0-1　扫码查看你是第几位微信红包用户

觉得还蛮好玩的吧？其实，这只是一个简单的二维码玩法，与二维码相关的营销应用还远不止于此。下面我们先从了解二维码开始。

1.1　什么是二维码，黑白方格组成的图形

一般而言，二维码就是一个特定的图形，一种由黑白方格按一定规律在平面（二维方向）上分布的图形，这个图形是用来记录数据符号信息的。

我们知道作为计算机内部逻辑基础的二进制“0”、“1”比特流的概念，二维码在代码编制上巧妙地利用这一概念，使用若干个与二进制相对应的几何形体来表示文字数值信息，即每一个黑色单元小方格代表 1，每一个白色单元小方格代表 0，再通过图像输入设备（如摄像头）或光电扫描设备（如扫描枪）获取图像，并经解码自动识读还原信息，进而做出对应的处理。

如图 1-1-1 所示，二维码具体是由数据需求模块、数据及容错信息、格式信息和版本信息等几部分构成的（这个二维码可以扫哦，建议用微博扫一扫）。

图 1-1-1　二维码的构成

实际上，二维码的颜色可以不是黑白，可以是彩色的，另外，构成的单元元素可以不是方格，但其编码规律是不变的，只是常见的二维码都是由黑白方格按规律组合而成的图形。

二维码的英文翻译问题，二维码就是 QR Code 吗

二维码又被称为二维条形码或二维条码，英文名称为 2-Dimensional Barcode，即 2DBar code。而有人直接把二维码翻译成 QR Code，这种认知是

不准确的。QR Code 即 Quick Response Code，意为快速反应（识别）的二维码，是日本 Denso 公司发明的一种二维码编码方式。QR Code 虽是二维码中应用较为广泛的，但毕竟只是众多二维码编码方式中的一种，二维码的编码方式还有 PDF 417、Data Matrix、Maxi Code 等几十种，用部分指代整体显然是不准确的。

但由于 QR Code 的应用实在太普遍了，包括在本书中在很多二维码营销方式中，使用的二维码几乎都是 QR Code，在不影响理解的情况下，可以使用 QR Code 指代二维码，但需要明白其区别。即一般不要将二维码翻译成 QR Code，但反之将 QR Code 翻译成二维码是可以的。

1.2 二维码编码（生成）和二维码解码（识读）

1.2.1 编码

目前，QR、DM 等二维码都有网络生成平台或生成软件可以免费生成。如图 1-2-1 所示，可以通过百度等搜索平台搜索关键词“二维码生成”，可在图中这些二维码生成网站上在线生成二维码，比如草料二维码，文中的部分二维码就通过该网站生成，另外，还有二维工坊等网站也可以生成。此外，也可以通过下载二维码生成软件或 APP，分别在 PC 端通过软件及手机端通过 APP 生成二维码。

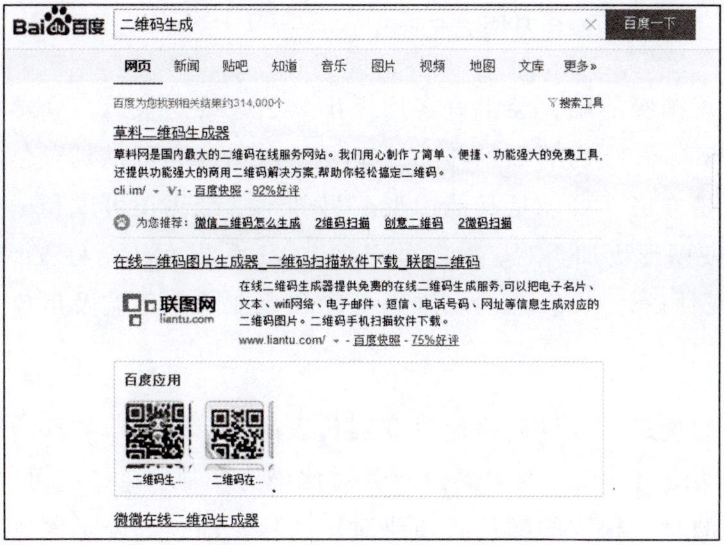

图 1-2-1　搜索引擎搜索二维码生成服务

如图 1-2-2 所示，填入想要输入的信息，如本书的名称“《玩全二维码营销》”，点击“生成二维码”按钮便可完成二维码的生成。除了填写二维码对应的文字或网址等信息外，还可以选择颜色（前景色、背景色）、容错率、大小等更多的个性化设置。

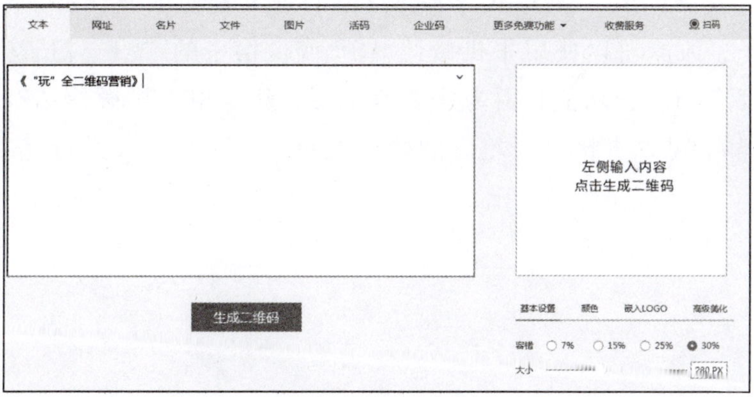

图 1-2-2　二维码生成界面

1.2.1.1 二维码的颜色及构成元素

在实际营销实战中，经常有客户提出黑白二维码很丑，会影响整体设计的美观。其实，二维码的颜色并非一定要黑白色，亦可以是彩色的。其构成元素可以不是方格，可以是其他图形。另外，二维码还可以和一些图片进行结合构图，使图形更加美观。很多公司会有 VI 系统（VI 全称 Visual Identity，即企业 VI 视觉设计），彩色的二维码可以和企业的主色调及用色系统保持一致。

前面我们说过，二维码是通过分别代表的“1”、“0”数据的黑白方格构成的。之所以使用黑白，因为黑白两色对比最为明显。二维码可以五彩斑斓，但需要说明的是，构成的颜色必须要对比强烈，即一部分是深色，一部分是浅色。构成二维码的基本元素也可以不是直角的方格，可以是圆角的圆形图案，或者水滴状图案。另外，基于二维码的容错特性，二维码可以和图片进行结合，比如，可以在二维码中间加上公司 LOGO 或个人照片，构成更为美观多样的图形。

如图 1-2-3 所示，二维码的构成颜色可以有很多种，且构成的元素也是圆点，不是方格。图 1-2-3 中二维码对应的是笔者的微博，笔者的微博昵称是第五才子，大家可以使用手机微博 APP 或微信中的“扫一扫”功能（微信和微博里都有扫一扫功能，因为是微博主页，建议用手机微博 APP 里的扫一扫功能扫码），可以直接打开笔者的微博主页，进而和本人进行互动，非常方便。

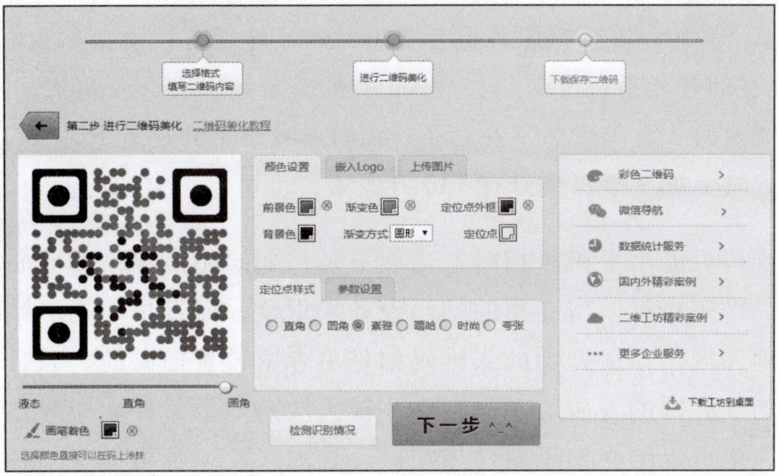

图 1-2-3　彩色及圆形元素构成的二维码

前面说生成普通黑白方格构成的二维码是免费的，也有的服务商提供免费的彩色及特殊元素构成的二维码的生成服务，如图 1-2-3 中的二维码就是免费生成的。部分特殊样式的二维码，需要单独设计，是要付费的，具体收费标准是根据难度同服务商议价而成。

在一些二维码营销服务中，商家借助二维码服务商给消费者提供二维码方面的服务，此时二维码可能会收费。收费一般是二维码服务商向商家收费，也有的直接向消费者收费。当然可能名义上是二维码的费用，实际上是二维码对应的系统服务费用，和这里讲的二维码设计费用是不一样的。

1.2.2　解码

提到解码，或者说扫码，我们自然会想到智能手机里的扫一扫，没错，我们习惯了手机扫码.那所有手机都能扫码吗？二维码能否被手机解码是一个相对问题，一般而言，二维码能被扫码要求扫码设备的识读精度要比所识别二维码的密度高。如果二维码比较清晰，那么一般是带 30 万以上像素摄像头的手机就可以了。另外，手机摄像头要有变焦功能最好能有自动变焦功能，方便扫描识别。现在的智能手机配置越做越高，手机摄像头一般都在 500 万像素以上，扫描比较清晰的二维码自然不在话下。我们当时使用的还是 Nokia 6680，还不是完全的智能手机，摄像头只有 130 万像素，也可以正常扫码。

那二维码只能用手机来扫吗？当然不是，如同超市里结算商品时的扫码枪一样，二维码也可以用专用的扫码设备来识读。而且早期的二维码主要用在商品管理领域，即最开始的二维码都是用专用设备扫码的，只是随着智能手机和移动互联网的发展，手机扫码才被大众熟知。另外，如果你的计算机带摄像头，也可以结合扫码软件来扫码。总的来说，带摄像头的各类终端加上扫码软件，就可以完成扫码。而有的扫码软件直接带读图功能，直接连摄像头都省了。从本质上来说，二维码解码主要是两部分工作，首先是图像获取，其次是图像解码。

当然对扫码设备的要求是一方面，二维码本身也要比较清晰，所以说解码是一个相对问题。如果二维码很不清晰，或者污损太严重，那么精度再高的手机，甚至是专用的识别设备，也难以识读。反之，如果二维码够清晰，终端设备的摄像头的拍摄像素也够高，那么扫码自然没问题。大家可以采用多角度、变换距离、选用不同扫码 APP 或软件、选用不同终端设备等方式多尝试一下。

识别手机屏幕端的二维码，还需要考虑手机屏幕的通透和折射情况，相对也会对解码产生一定影响。另外，还需要考虑码制的问题，QR 码、条形码等常用码制用一般解码软件都支持解码，但像 DM 等码制，则需要安装相应的较为专业的解码软件。

1.2.2.1　二维码解码 APP

早期的二维码解码是用专用 APP 来解码的，所谓专用 APP 是这些 APP 的主要功能就是扫码，这些 APP 有快拍、我查查等。随着微信二维码的横空出世，现在几乎主流的手机 APP 如微信、微博、QQ、支付宝等都带有了扫一扫的功能。现今，手机购物也特别流行，如淘宝、天猫、京东、苏宁易购、国美、当当、亚马逊、一号店等电商的手机 APP 也都支持扫码，而且扫码购物、扫码得红包也非常有利于电商开展营销活动。

随着微信等主流 APP 兼具了扫码功能，传统的专用解码 APP 的扫码功能逐渐式微，但也在向更为专业的方向发现，比如扫码防伪、扫码比价、扫码购物等。

另外，还有一些专业的条码识别厂商也推出了自己的扫码软件，如美国 Scanbuy 公司推出的 Scanlife，以及中国台湾金场资讯科技（SimpleAct Inc.）推出的 QuickMark 等。

1.3　二维码的发展历程

二维码的底层技术——条码技术诞生于 20 世纪 40 年代，在通用商品条码的应用系统中，最先采用的是条形码。条形码（barcode）是将宽度不等的多个黑条和空白，按照一定的编码规则进行排列，用以标记物品的图形标识符。

常见的条形码是由反射率相差很大的黑条（简称条）和白条（简称空）排成的平行线图案。条形码可以对应出物品的名称、生产日期、产地、厂家，以及图书分类号、邮件发出地址、邮件送达地址等许多信息，因而在商品流通、图书、邮政等许多领域都得到了广泛应用。

国外对二维码技术的研究始于20世纪80年代，在二维码编码技术研究领域，已研制出多种码制，常见的有QR Code、Data matrix、PDF417、Maxi Code、Code One等。

1994年9月，日本Denso Wave（Denso中文名：电装）公司研制成功一种矩阵二维码符号，称为QR Code，这是二维码发展历程上的一个里程碑事件。QR Code即Quick Response Code（快速反应条码），其具有识别速度超快、360°扫码（不用区分扫码方向）、存储信息量大等诸多特点，这也为日后二维码在日本及世界范围内的广泛应用打下了基础。

需要说明的是，二维码早期如同条形码一样，主要用于对人或物品的管理，如证件管理、商品追踪等。日本、美国、韩国、德国、南非和加拿大等国，不仅将二维码技术应用于公安、外交、军事等军政部门对各类证件的管理，而且也将二维码应用于海关、税务等部门用于对各类报表和票据的管理，商业、交通运输等部门对商品及货物运输的管理，邮政部门对邮政包裹的管理，以及工业生产领域对工业生产线的自动化管理等方面。发明QR Code的Denso公司就是丰田汽车的子公司，是一家汽车零部件厂商，其二维码也是从应用在汽车零部件的追踪上开始的。

随着智能手机，3G网络及移动互联网的发展，且由于日韩的手机多是运营商定制机，运营商可以预先装入解码软件，使得用户端具备了二维码应用的条件，因而，二维码营销应用能在民众之中快速流行起来。也使得二维码在政府或企业级应用之后，同时也成为了个人应用。

1.3.1　二维码在日韩的应用

日本是使用二维码最早的国家之一，也是使用二维码应用最为广泛的国家之一，目前最流行的二维码 QR Code 也是由日本公司发明的。19 世纪 90 年代，日本的移动网络从 2G 跨越到了 3G，网络速度获得极大提升，手机应用也变得多样起来。其中，通过手机浏览网页访问是 3G 的主流应用，通过传统键盘输入网址等信息非常不方便，这大大制约了移动互联网的发展。当然，即使进入智能手机时代，键盘得已改进成虚拟键盘，输入一长串字符的网址依旧不方便。而手机二维码恰恰具有存储信息多、识别速度快等特点，只要用手机扫码就可便捷接入互联网，大大减轻了输入一长串网址的麻烦，因而获得用户青睐。

2003 年，日本电信运营商 KDDI 推出了手机二维码业务，此后手机二维码业务在日本发展迅速。据日本 InfoPlant 的用户调查显示：电子广告、电子卡（证、券）及增值服务三大应用是手机二维码业务的核心应用，手机二维码的产品认知度高达 90%，73.3% 的日本民众都用过 QR 码。

日本手机二维码业务之所以能够成功，主要取决于两点。一是采用了开放的码制——QR 码，从二维码编码到发布的各个环节，手机厂商、电信运营商、服务商和用户各方都可以参与。二是因为运营商定制机制，使得二维码扫码功能成为手机的一项标配。

现如今的日本街头，公交车站站牌广告、地铁车厢广告、户外灯箱广告、各种报刊杂志、各种产品包装上……二维码随处可见，只需打开手机，各种优惠信息、活动参与、产品信息尽在掌握。如图 1-3-1 所示，二维码和周边图形组合成红十字图案，扫描二维码可打开日本红十字会网站，进而可以给红十字会捐款献爱心。

图 1-3-1　日本红十字会的二维码应用

另外，二维码技术还被应用在电子票务领域，日本最大的航空公司日本航空在 2007 年就提供了二维码登机牌服务。用户购票后获得二维码，在机场通过识读设备识读手机上的二维码信息，就可完成检票并获得登机牌。这两类应用如同国内的二维码主读（扫码）和被读（凭证）应用，关于主读和被读及国内的二维码发展情况，在后续章节“1.3.2 二维码在国内的发展历程”中会有详细介绍。

和日本一样，韩国的手机二维码业务也是由运营商主导控制的，不同的是韩国的二维码码制是封闭的，围绕二维码技术标准展开。在韩国的二维码应用中，二维码（编码技术）解决方案提供商处于重要位置，商家使用特定码制二维码需要提出申请，审核通过后方可使用。即二维码专利权是竞争的核心，各大运营商和二维码服务商为此展开竞争，谁控制了编码技术，谁的码制能被广泛应用，谁就控制了二维码应用这一市场。

韩国二维码解决方案提供商 iconlab（圣像实验室）自主研发了二维码——MagiCode（魔扣），并与通信运营商 SK Telecom、LG Telecom 等建立了合作关系。支持 iconlab 公司二维码业务的手机用户已超过韩国手机用户总量的

75%，成为了韩国二维码行业的主流码制。当然，随着 QR 码的普及，在韩国的很多二维码应用中，我们也看到了 QR 码的身影。

1.3.2 二维码在国内的发展历程

应该讲中国早期的二维码营销应用受我们的近邻日本、韩国的影响很大，尤以日本为甚。日本二维码的风靡既刺激了中国二维码的发展，也给中国的二维码营销提供了借鉴。2000 年前后，包括政府机构、电信运营商及相关企业人员，纷纷前往日本，观摩学习二维码应用。

前文有提及，二维码除了在传统领域替代条形码的企业级应用外，伴随着互联网和移动互联网的飞速发展，出现了二维码的两大类个人级应用——主读和被读。主读就是消费者使用安装在手机里的扫码软件，去读取商家发布在地铁、公交站台、户外、楼宇电梯甚至是电视上的二维码，获取商家信息或参与商家活动。这也是最常见的二维码扫码应用，除此之外，二维码还有一类应用被称为被读，二维码被读应用即二维码凭证类应用，这种应用就是商家将商品或服务信息变成二维码发送到消费者手机里，消费者在使用时，二维码被商家设备读取验证，还原出商品或服务信息，进而获取对应商品或享用服务。从技术角度讲，主读就是消费者主动扫码，被读就是二维码被设备验证，当然，这个验证设备也可以是手机。从商务上讲，主读就是个人用户扫码，被读就是二维码被商家验证，这一区别特征还是比较明显的。

主读需要用户安装解码软件，而日韩多是运营商定制机会预装解码软件，因而，二维码主读能够在日韩风靡。但二维码初进入中国时还不是运营商控制终端，且远还没有苹果和安卓等智能手机，二维码主读类应用遭遇水土不服的本土困境，难以复制日韩的盛况。而被读类凭证应用因其对消费者端，即 C（Customer：消费者）端不做要求，仅对商家端有要求（商家需要使用验证设备及整个系统），因而在 B（Business：商家）端接受的前提下能迅速推到 C 端。被读类应用方便了消费者，自然也受到商家欢迎，2005 年，被读类二维码应用形式之一二维码电子电影票在上海出现。这个模式其实是对商家营销模式的优化，在不改变商家营销模式的前提下，通过技术革新降低了商家的营销成本，因而能被商家接受。而且这个商业模式对二维码服务商而言解决了收费的问题，通过设备租赁费（部分直接售卖）及条码生成服务费的模式向商家收费。有了收费，也让二维码凭证应用成为了一种商业模式。

需要说明的是，在早期的二维码推广中，如日韩一样，运营商扮演了重要角色，如中国移动推出了条码识别和条码凭证（又称电子回执）业务，分别对应的也是主读应用和被读应用。另外，早期的移动二维码采用的 DM 码（主读和被读用的都是 DM 码），后来逐步被 QR 取代。如图 1-3-2 所示，早期的移动二维码应用使用的还是 DM 码，手机还是当时相当流行的 Nokia 机型。

图 1-3-2 二维码应用发布会

伴随着智能机的迅速普及和移动互联网的飞速发展，微信、微博等主流应用先后采用二维码。2012 年可谓二维码的爆发之年，在当年 9 月 11 日举行的中国互联网大会上，马化腾提出“二维码将成为线上线下的关键入口”，认为在线上线下结合的过程中，二维码将发挥巨大的作用。可以说包括我们这一批人在内的二维码从业者，对二维码的早期推动做出了贡献，但也只有微信这种亿量体级的应用，才能够对二维码起到决定性的推动作用。

随着微信、微博、淘宝等主流应用都支持二维码功能，二维码逐渐流行，二维码成为各类营销广告的标配，在地铁里、在公交站台、在街道橱窗、在电梯轿厢、在电视上……看到二维码已不算新鲜，甚至在墓地上也已出现了二维码的身影。

不仅是二维码越来越流行，二维码的营销玩法也越来越多，比如，地铁里出现的扫码网购，结合微信营销和抢红包模式的二维码抽奖返现等。

1.4　二维码的特点

二维码为什么会这么流行这么受欢迎呢？为什么很多营销活动要使用二维码呢？那是因为二维码具备如下这些特点。了解这些特点，就会理解二维码为何流行，也能够根据这些特点来找到最为契合的营销形式。

同时，你也会明白一个道理，成功绝非偶然，外在的推广炒作自不可少，但二维码自身的强大，才是成功的根本原因。这也是营销的基本点，即要以一个好的产品（可以称之为“内容”）作为支撑点，好酒不一定能闻名于世、香飘天下，但能闻名于世、香飘天下的一定是好酒。

一、编码容量大，互动性好

相比于条形码，二维码可以存储的内容更多，这样即使内容多用二维码也可以存下。这一点非常重要，二维码应用尤其是个人方面的应用，比如扫码上网，这一特点减轻了输入一串网址的麻烦。除了减轻输入的麻烦，手工输入还有输错的可能，而二维码则不会。此外，对于线下广告或宣传介绍来说，线下端能体现的内容有限，且固定不易更改。二维码可以将线下内容扩展到范围可谓无限的互联网上，内容还可以根据需要不断调整更新。

仅就容量而言，以常用的QR码为例，最多可容纳多达7089个数字字符或4296个字母字符，或1817个汉字字符，比普通条码信息容量可谓大大增加。另外也基于此，更多的能数据化的信息形式可以被编码。

二、二维延展，大小尺寸可控

二维码的数据是在二维拓展，相对条形码尺寸范围可控。条形码要增加数据，只能在一个方向不断延长。而扫码设备读取范围长度是有限制的，条码太长不方便识读。另外，条码作为凭证使用时，手机屏幕的尺寸是有限制的，条码太长也不方便在屏幕上呈现，而二维码则更便于呈现。如图1-4-1所示，同样的内容“978000000002”，条形码（EAN-13编码，包括图书在内的好多商品都采用这一编码方式，大家可以看下本书封底右下角的ISBN码）和二维码（QR码）的对比。

图1-4-1　同样内容条形码与二维码的对比

我们都知道木桶理论，一只木桶能盛多少水，并不取决于最长的那块木板，而是取决于最短的那块木板。在这里同样可以应用，条形码单一方向的长，决定了其占用的范围（不是面积）更大。

三、容错及安全特性

所谓容错，即二维码因污损等原因造成局部破坏，仍可以正常使用。且容错率（允许错多少）可以选择。二维码无法用肉眼识别（相对于条形码），须借助设备解码，另外，此基础上还可以加密，需输入密码可以看二维码对应内容。

我们在超市购物时，经常会碰到商品条形码被损坏一些就无法被扫描，继而无法购物的情况。而二维码标签被局部损坏的情况下，在容错范围内还是可以使用的。

四、使用方便且成本低

相对于 RFID 等需要硬件参与的方式而言，二维码只是一个图形，其生成、发送等非常方便。除了专业设备，我们每个人的手机都可以成为解码工具，所以二维码在生成和解码两个环节都非常方便。整个流程的便捷也方便了二维码的应用和推广。

1.5　二维码安全问题

二维码的常见用途有两大类，即扫码和凭证两大类应用，所以关于二维码的安全问题，也可以从这两类应用中分别来看。

先来说说扫码的安全问题，也就是个人手机去扫各类二维码，这个也是通常报道中二维码碰到安全问题的主要情况。严格来说二维码安全问题是个伪命题，因为这里二维码就是一个链接，与其说是二维码的安全问题，不如说是链接的安全问题。在互联网时代，任何一个网页都是需要有链接（或网址，至少是 IP 地址）才可以访问的。即便在移动互联网 APP 时代，实际上 APP 里的很多页面也是对应一个网址，只是因为有 APP 的包裹让我们忽略了网址这个概念，因而可以说，整个互联网都有安全问题，而这个安全是共性问题，不是二维码的错。不能因为有安全问题就因噎废食，互联网已经飞速发展，我们不可能不用互联网，同样我们也不能不用二维码。

安全问题主要有两种，一种是钓鱼网站，比如我们前面说的伪基站模仿银行端口发送信息，让你误以为是真实的金融机构平台，当你输入完用户名、银行账号、登录密码及支付密码等信息后，你的信息也被诈骗分子获取了。还有一种是病毒或木马植入，当在真实平台输入银行账号或密码等信息后，不法分子也可以利用木马盗取这些信息。不论哪种方式，不法分子利用获取到的你的银行卡或支付信息，模拟或直接使用你的账户转账或消费。此外，如果你是在手机平台上被植入了木马后，那么不法分子还能通过木马在手机上订阅收费增值服务，并模拟手机发送短信实现二次确认。

为了应对这些安全问题，首先你的计算机或手机上一定要安装安全杀毒杀木马软件，定期查杀并清理系统。扫码或打开链接之前最好能确认来源安全，是可信渠道上发布的链接。如果暂时不能确定来源，那么扫码或打开链接也可以，但打开链接以后的下一步动作就要注意了，要确认打开的网站网址是安全的，才能做下一步操作，尤其是要求输入隐私信息或银行卡支付信息的要特别注意。

很多木马是被植入到软件或应用安装包上的，随软件或应用的安装而被植入到计算机或手机上。因此，安装应用时一定要从可信渠道下载，且手机不要开通静默或自动安装，安装时要人工确认最好经安全软件检查过。微信有一套自己的安全防范系统，微信里是没办法直接下载应用的，一般通过微信扫码在微信内操作是安全的，比如扫码关注公众号等，扫码微信支付、扫码评价等基本操作都是没问题的。即使通过浏览器操作，一般不要求输入隐私或安全信息，不下载带病毒或木马的应用，也是没什么问题的。

实际上互联网安全问题是一个基本且普遍的问题，不是二维码的安全问题是链接的安全问题，就好比钞票也有假币的问题，但我们不能不用钱，而是要掌握一些鉴别假币的基本能力。这不是二维码的问题，而是我们使用互联网要学会的基本技能。

再来说说凭证的安全问题，凭证是被商家设备验证的，从验证角度来讲凭证不存在安全问题。凭证的安全问题在于凭证二维码的丢失，你的二维码还在，假设你的二维码图像被别人获取，别人也就获得了这个二维码权限，在凭证未核销前可以通过这个二维码获得凭证对应的产品或服务。所以，大家要注意保护自己的二维码凭证信息，不要泄露出去，保护好自己的权益或隐私。为了应对可能的泄露造成的不安全，二维码支付应用中的二维码是不断刷新变化的，即使上一个二维码丢失了也不要太担心，因为很快下一个二维码生成的时候，上一个二维码就已经失效了。

2016 年的 CCTV 3.15（消费者权益保护日）晚会上，央视也提及了二维码的安全问题，但实际上没有那么危言耸听。与其说不要乱扫二维码，不如说不要乱点链接。与其说二维码有毒，不如说互联网有毒。你不可能不用互联网，二维码只是方便访问互联网的工具，没那么神秘。扫描下图 1-5-1 中的二维码观看央视 3.15 晚会视频。

图 1-5-1　扫码观看央视 3.15 晚会关于二维码的视频

据华龙网报道，在校大学生王勇在图书馆对一个女生一见钟情，决定写情书表达爱慕之情，他讨巧地将情书藏在了二维码内。但不知为何这封情书出现在了学校的地上。直到遇见某位热心同学，这封情书才得以重见天日。该名热心同学将这封二维码情书贴在了图书馆门口，如图 1-5-2 所示，还加了个标题《王勇，你情书掉了》。就这样，二维码情书的内容也曝光了，好在内容中只有王勇的名字，没有其他隐私信息，没有造成更多隐私信息泄露。

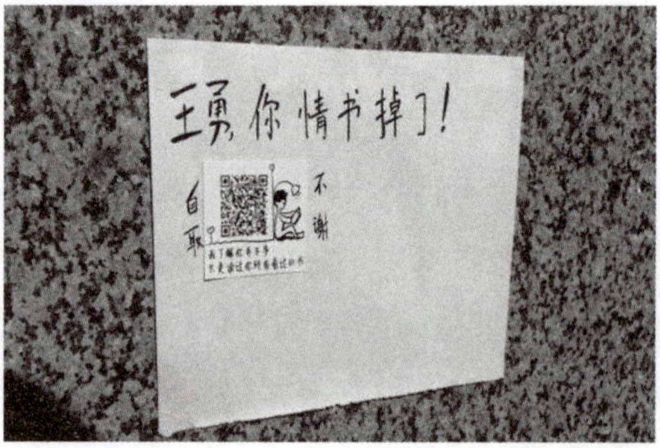

图 1-5-2　二维码情书

1.6　二维码功能及用途

在传统领域，二维码主要用于物品识别领域，如物品信息管理、商品防窜货等。另外，二维码还被用在证件领域，起到人的信息鉴权作用。互联网和移动互联网兴起之后，出现了电子凭证和扫码互动应用。伴随着电子商务、微信营销的发展，又出现了二维码支付、二维码返现等应用或营销模式。时代在变，新应用、新模式不断出现，而二维码的应用也总能推陈出新，和新应用模式相辅相成，这也是二维码的魅力所在。

从主要应用范围来分，二维码应用可分为企业级应用和个人级应用。企业级应用主要有商品管理、证件管理、防伪溯源和防窜货等，个人级应用主要有扫码互动、电子凭证、防伪和名片应用等。当然，有的应用也没有完全的界限，比如，企业搞的扫码抽奖营销应用，这种应用更偏向于个人级应用，但应用本身是由企业主导。还有的应用，如防伪溯源，既为企业所用，也为个人所用。

从技术角度来分，二维码可以分为主读扫码和被读凭证应用，前文中也做过介绍。

在移动互联网兴起之前，二维码还分为离线应用和在线应用。离线应用即信息全部存储在二维码里，只需读取二维码便可知道里面的信息。相反与之对应的在线应用就是在扫完二维码之后需要联网调用二维码后面对应的信息或应用。当然，随着移动互联网的发展，单纯的离线应用已经不多，因为其能承担的应用毕竟有限，更多的应用需要调用二维码对应的云端应用。

以上这些只是根据应用特点做了分类，以便了解具体的细微差别，实际应用中不必拘泥。

1.6.1 二维码物品管理、防窜货

二维码最早也是应用在物品管理上，其作用和条形码一样，用于标示物品，如商品、邮件包裹等。QR 码最初也是用在汽车零部件的管理上。随着营销渠道化的发展，出现了渠道专卖的问题，即这批货只能由这个渠道在特定地区来卖。如果货品不在该渠道对应地区销售，就是商品窜货，二维码也被用在商品防窜货上。有时除了基本包装盒上印有二维码外，含有若干个基本包装盒的包装箱上也印有二维码，即分为箱码和盒码，它们或部分，或整体一起参与防窜货的功能。

我们常见的电子产品，如手机、笔记本、计算机等配件上一般都会有二维码。如图 1-6-1 所示，NOKIA 手机及原装电池上都印有二维码，而且是 DM 码，这些二维码起的就是商品管理的功能。

图 1-6-1 电子产品上的二维码

1.6.2 二维码的防伪溯源

巨额利益的诱惑让不法商家不惜铤而走险制造假货，而制售假货严重干扰市场秩序，侵害消费者正当权益。个人当然希望自己买到的是正品，销售商也希望自己销售出去的是正品，于是有了防伪的需求。通过扫描二维码可以查看商品是否是正品，进一步还可以看到商品的品名、产地、生产日期、

保质期等产品基本信息及溯源信息。产品基本信息可以算溯源信息的一部分，更多的溯源信息包括商品生成及流通过程中的更多情况记录，比如一头牛是什么时候出生的，吃了哪里的草长大的，生长过程是否生过病、用过药等。

因为商品不论是在流通环节，还是到销售者手中，都有防伪方面的需求，所以通过二维码来防伪既算是一种企业级应用，也算是一种个人级应用，而且企业和个人的关注点还不太一样。

再来讨论一下二维码能不能防伪的问题：二维码到底能不能防伪？

先来说说假冒伪劣中的“劣”，如果劣质商品用自己的品牌而不是仿冒其他品牌的话，那只能说一分钱一分货，还不能说它是假的，不在防伪的目标之列，就算有防伪也会显示其是正品，只是质量差了。

所以一般防伪针对的是“假冒伪”商品，也就是我们常说的假货。假货使用和被仿品牌完全相同的中文名称和英文名称，使用一模一样的 LOGO（商标图形）和设计元素，却没有正品的品质。没有正品品质也就罢了，有的还造成消费者身体伤害甚至失去生命，所以假冒伪劣十分可恶，可谓人人喊打。而现在随着高仿品 A 货的出现，可以说假货的品质越来越高，甚至接近于正品，要鉴别真伪需要非常专业的能力，防伪需求可谓十分强烈。

除了完全假冒的，还有很多模仿名牌的，比如模仿“特仑苏”叫“特仓苏”，模仿“脉动”叫“脉劫”等，设计和 LOGO 做得极其相似，但仔细一看还是能看出不同，对比前面的完全假冒，这一类傍名牌算是相对“有些良心”的，至少还是能够鉴别的。这一类的还有鉴别难度更大的，比如中文名也叫“樱花”，英文名叫“SAKVRA”而不是“SAKURA”，还有的叫“老板的美好生活”并故意把“老板”和“的美好生活”分开。还有一些公司会在境外注册和品牌公司类似的公司名称，产品品牌中英文名称也完全相同，但一般

LOGO 样子会不同，这一类产品以酒水饮料居多，鉴别难度也很大。笔者把这一类归纳为“傍名牌”，或者叫“品牌高仿”，虽然鉴别难度有高有低，但仔细看还是能看出明显的不同。这一类产品也是有其相应的生产厂家，是否违法还要看具体情况，要看模仿程度，是不是能看出区别有一定的主观性，所以打击的难度也较大。对于这一类产品除了主管部门、被仿冒商家及消费者群策群力一起参与打击以外，也需要消费者提高鉴别能力。

假冒伪劣的各种情况都分析差不多了，问题来了，怎么防伪？先来谈谈常用的防伪方式。常用的防伪方式有两大类，一类是靠材质防伪，一类是靠验证防伪。材质防伪指商品或商品包装上有特殊的材料或技术构成的标记，包括数字水印、激光全息防伪、生物防伪等技术，比如说钞票的防伪，比如产品上加上镭射标志等。验证防伪就是我们常见的刮涂层，获得一串字符串，然后通过打电话、发短信的方式将该字符串提交给验证平台进行验证。材质防伪主要靠肉眼或触感等简单识别，而验证识别需要和云平台（系统数据库）连接进行识别，前者简便快捷可作为一般参考，后者准确明了但使用相对复杂。为提升防伪效果，商家在做商品防伪时往往是多种防伪方式一起使用。

其实，二维码也相当于一串字符或一个网址，也需要扫码联网查看结果，因此，二维码防伪也属于验证防伪。发短信验证的方式，需要手工输入一长串防伪字符串，然后发送到指定端口，打电话验证的方式则更复杂，很容易输错字符，而二维码防伪只需扫码即可看到结果，比打电话和发短信的方式方便得多。因为二维码防伪时链接到网络上查看结果，因此，其还有移动互联网的扩展和想象空间，除了可以查询商品真伪外，还可以查看更多的商品信息，甚至还可以链接到商家购物网站为购物引流。因为二维码防伪中的二维码也是独一无二的（后面的“3.3.3 二维码返现，结合裂变传播”和“一物一码，左手防伪右手抽奖”等章节会介绍到的“一物一码”概念），每个码和每个码都不一样，除了做防伪查询、购物引流，还可以和其他营销活动绑定起来做，比如获取积分，或者参与抽奖或返现等。当然，在具体使用时要注意功能的主次，要能聚焦有针对性，不要同时有太多的功能。

查询方式我们一再强调是和系统平台对接查询的，如果系统平台能代表官方，那查询的结果是可信的。反之，假货公司也能开发一套二维码防伪系统，在假货公司的平台也能查询出产品是正品。所以，二维码防伪的核心不是二维码能不能防伪，而是系统平台是否真实可靠，是否是官方或能受官方认可代表官方。比如，银行不仅知道我们的个人信息，还知道我们的资金和使用信息，可我们为什么还把钱存在银行呢？除了使用的方便性外，我们对这个平台的信任也很重要，这是一个可信的平台，我们才能够把钱放在那里。所以，如果说这个平台可信，我们从这个平台查询出来的结果也是可信的。另外，即便在可信平台查询时，在查询二维码的时候，也要注意是不是首次被查询，只有显示是首次被查询才能说明产品为正品，说明以前没被查询过，这是为了防止正品商家的防伪码被假货商家二次利用。二维码防伪时，二维码需要覆盖涂层以隐藏二维码，覆盖可以选择全部覆盖或局部覆盖，如果局部覆盖，则需要露出的二维码部分不能被扫出。

利用平台信息的不对称也是各类诈骗的主要方式，以常见的短信诈骗为例。如图 1-6-2 所示，数家银行发来短信称要验证或积分换现金等，让你进入短信网址去办理。这一类诈骗算是很“高明”的，他们利用伪基站等方式模拟和真实银行一样的发送端口，图 1-6-2 中发送端口已被转换成某某银行，确实是某某银行的发送端口（实际是模仿银行端口，并非银行发送），加上其内容突出重要性或以利益诱惑，应该说极具迷惑性，用户很容易以为真是银行提示而上当受骗。但大家仔细看短信中的网址，就可以看出这些网址都不是官方网址，即不是官方的平台，这样就可以确认是骗子了。可以通过搜索引擎来搜索确认银行的官方网址，或通过拨打官方服务热线来确认官方网址及活动真实性。

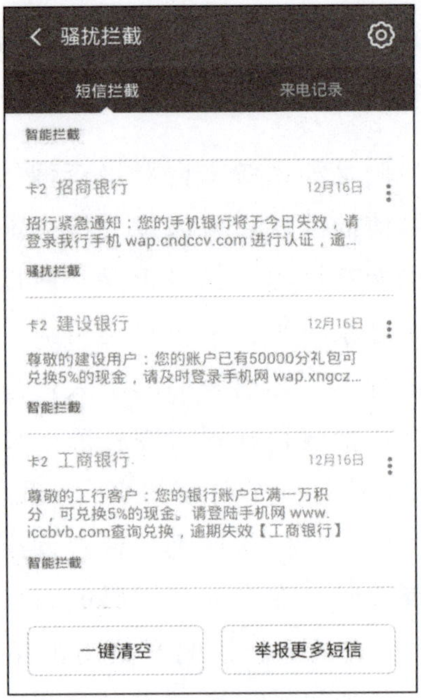

图 1-6-2 诈骗短信

但是，二维码等验证方式只能确认该产品确实是该商家提供的，如果该商家的商品本身出问题，就不是二维码能决定的了。当然除了二维码，其他的防伪方式也是如此，也即防伪只能确认产品是不是正品商家生产的，但不代表产品就没有质量问题。比如，当年三鹿奶粉里有三聚氰胺，奶粉确实是三鹿产的，而且还获得了一系列的荣誉认证，可最终还是出了问题，这就需要在产品的质量把关和质量监督上做更多工作。当然，这个也算是少数情况，此外，如果是商家的产品质量出现问题，商家也需要根据三包政策及相关产品政策进行处理，比如退货、换货或做赔偿等。

1.6.3 扫码类应用

这一类是我们最为常见的一类二维码应用，简单说就是拿手机扫码，进而完成各类互动应用。比如，扫码加好友、扫码关注微信公众号、扫码参与抽奖活动、扫码抢红包、扫码获得优惠券等，这也是企业最为常用的二维码营销方式。

扫码类应用中有一类比较独特的应用，就是二维码名片，可以通过扫码直接把包括手机号在内的对方联系方式加到自己的手机通讯录中，是一个非常方便的个人联系信息交换方式。图 1-6-3 是笔者个人的名片二维码，有笔者常用的联系方式。

图 1-6-3　第五才子个人名片二维码

1.6.4　二维码凭证

二维码凭证也是常用的二维码应用，其核心就是以二维码作为某人享有某项权利的证明。比如，在网上买了商家一个服务，但服务要到商家门店享用，那当你到商家门店的时候，怎么证明你购买了这个服务呢？这时你只要出示手机里的二维码，经过商家验证通过后，就可以享用服务了。优点是流程简单，消费者使用习惯易培养，不需要对店员进行太多培训，缺点是商家需购置验证设备及相应的系统服务。

二维码凭证对应的具体应用有电子门票（电影票、展览票、景区门票等）、电子优惠券、电子提货券、电子 VIP 及自助值机等。

早期的二维码凭证多是由服务提供者以短信或彩信的方式发送到用户手机里，随着移动互联网的发展，二维码也开始通过微博、微信、支付宝等商家或平台 APP 途径发送给用户。

1.6.5 二维码支付

随着电子商务及手机支付的发展，出现了二维码支付这种新型支付方式，二维码在这时就代表了个人的支付账号。二维码支付分为几种，一种是个人之间的支付，一种是个人向商家支付。个人向商家的二维码支付多出现在线下，看起来是一种线下支付，本质上是线上支付的线下延伸。一般而言，线上支付的收单费率是低于线下支付的收单费率的，加之其支付的便利性，对线下支付产生了冲击，因此，也受到了政策因素的影响。

二维码用于个人向个人支付的时候，方便了个人之间的支付需求。如图 1-6-4 所示，微信的个人支付应用，可以用于收款、打赏或众筹等。

图 1-6-4 微信支付二维码，可用于收款、打赏、众筹等用途

从某种意义上说，支付也可以被认为是一种特殊的凭证，它代表的是你的账户，是你资金账户的凭证。但因为支付比较特殊，不同于普通的提货凭证，且应用范围较广，所以被单独列为一类应用。

第 2 章

码上互动——横扫千军万“码”

2.1　二维码是移动互联网的入口吗

包括马化腾在内，很多人说二维码是移动互联网的入口，笔者并不认同，简单地说，做好了一个二维码就能完成入口吗？别人怎么看到我的二维码呢？对啊，不是还得把二维码到处发、到处放、到处贴，才能让别人知道进而扫码吗？所以，二维码只是一个方便互动的工具，那些能看到二维码的地方才是入口。事实也证明，现在移动互联网的主要入口是 APP 及对应的各类应用市场，还有一部分来自手机搜索。我们现在使用移动互联网，主要不就是打开手机 APP 吗？哪怕是借助浏览器或微信浏览信息，那浏览器和微信不也是 APP 吗？另外 APP 是怎么来的？主要不就是通过应用市场及搜索引擎搜索来的吗？有谁用移动互联网首先是找二维码扫描进入的呢？说好的入口啊！二维码只是用在线下场景或者多屏互动的时候。

同样的情况还有 H5（Html5）应用，它是一种手机端营销应用的新工具。H5 调用 Canvas 对象给浏览器带来直接在页面上绘制矢量图的能力，意味着用户能脱离 Flash 和 Silverlight，可以直接在浏览器中显示图形或动画。加之很多手机无法很好的加载 Flash 页面，能显示动画效果的 H5 在移动营销领域风靡。当然，你做好了 H5 页面不一定就能风靡移动互联网，但好的 H5 应用能很好地帮助你开展移动互联网营销。

我们再从营销讲起，营销包括市场和销售，市场负责传播，销售达成交易，最终的目的是卖出产品收回钱。市场营销包括营销方式及传播方式，营销方式比如打折、促销、满减，抑或一个互动游戏，甚至一篇软文等。好比一篇文章的内容，好的营销方式就好比好文章，但有好的内容不代表别人，或者说消费者就能知道。比如，笔者和马云在微博上同时发布一模一样的内容，内容也挺好的，结果一定是马云的转发、评论、阅读和赞的数量比笔者多，因为马云的微博更具传播性。所以，营销要成功还得解决传播方式的问题，一般的传播方式有搜索引擎、微博、微信、门户网站，抑或户外广告，甚至是电视广播等所谓的传统媒体，当然，最好的传播方式是用户传播。所以，一个好的营销要解决两个问题，好的营销方式加上好的传播方式才能取得成功的营销。所以说，如果某人说他会营销，他不能光说他会营销，还得告诉你他具体的营销方式和传播方式，把这两块都做好，才能让人信服。

大的方式也许外行人也能讲出个七七八八，但落到具体问题上就要具体分析。这就好比医疗，小毛病也许病人自己就能查些资料买些药对付了，但碰到大一些的病甚至是疑难杂症，只能寻求医生的专业性治疗。首先，要列出营销的具体目的，然后，要分析客户群体面向的是企业客户还是个人客户，即 2B 还是 2C？（其中 2 英文 two，谐音 to，代表面向的意思，B 代表企业客户，C 代表个人客户），营销方式是什么？具体方式可以头脑风暴群策群力。传播方式是什么？还要算一下成本和投入产出比。做营销分解，列出营销阶段。营销前联系服务商商谈具体步骤落实，营销中要监控情况应对变化，营销后要做效果分析。

用户传播和自媒体不一样，自媒体指的是一些较有影响力的个人媒体，而用户传播是指普通大众用户参与传播，当然，最好是目标用户群体参与的传播。用户传播分为两种，一种是用户自发传播（用户自传播），一种是用户为了获得利益而传播。想让用户自发传播不容易，除了内容要足够好，也要求有一批有号召力的种子用户来引爆。比如，之前的凡客体曾风靡一时，大家纷纷效仿创造自己的凡客体。还有，比如在 AcFun 和 bilibili 站流行的金坷垃，也吸引了大量用户参与再创作衍生出很多不同版本。觉得内容比较好的传播效果是最好的，因为是发自内心的传播，比如，笔者觉得电影《老炮儿》及电视剧《琅琊榜》不错，虽然他们没给笔者推广费用，但笔者也会在朋友圈发一下。而用户获益传播因为能给用户带来一定利益，用户有传播的动力，会成为以后营销的常用方式。比如，直接给用户利益，转发一个推广链接获得多少钱，抑或获得抽奖机会等。

一定数量的个人组成一个群体，通过群体进行社群营销的效果也是不错的，大家抱团取暖的效果显然要好过单兵作战。一个人影响的范围毕竟有限，通过群或者社群，使营销效果呈几何数级增长。

从本质上讲，二维码只是一个互动工具，并不具备营销功能，我们所谓的二维码营销只是借助二维码参与的营销活动。就好比微信本是一个交流工具，结合了支付功能，便有了方便快捷的微信支付。所以，我们在开展二维码营销的时候，一定不要拘泥于二维码，要学会借助其他营销活动来展开，充分利用二维码的特点，让二维码和营销相得益彰。

但二维码具有的诸多特点，也使得借助二维码参与的营销活动如虎添翼，具备新颖性、趣味性、互动性、便捷性等特点，自成二维码营销一家。二维码成为商家吸引流量尤其是线下流量的一个重要营销工具。

在线下营销的开展中，受制于空间有限固定、互动性差等原因，所能表达的内容有限，更多的内容或互动需要在线上参与，而二维码很好地承担了线下线上互动桥梁的角色。二维码让有限的线下扩展到无限的线上，方寸二维码，扩展无限大。很多传统的互动方式需要人工或机械辅助参与，而二维码只需扫码即可参与，非常便捷。而且相对于传统方式更为新颖，也更容易引发用户参与。

2.1.1　从北京望京扫码一条街到万“码”奔腾

2015 年 10 月，科技媒体 36 氪主笔周昶帆（微博@周昶帆）以《O2O 地推有多凶猛？看看望京 SOHO 旁有 27 家地推的“扫码一条街”》为题报道了北京的望京扫码一条街，让望京扫码一条街和扫码推广这种方式引发业内人士及大众的关注。

如图 2-1-1、图 2-1-2 所示，一条不到百米的马路边，摆满了几十家互联网公司的地推摊点，他们几乎都在干一件事，就是通过扫码赠送礼品的方式发展用户。用户扫码后可以得到各种小礼品，如图 2-1-3 所示，有娃娃玩偶，有食品水果食用油，有公司自营或周边产品，甚至还有真金白银的人民币……你从这条街完整的走过并参与过，那你背包估计已经不能承受之重。满满的战利品，注意好多礼品上也有二维码。

图 2-1-1　北京望京扫码一条街场景（一）

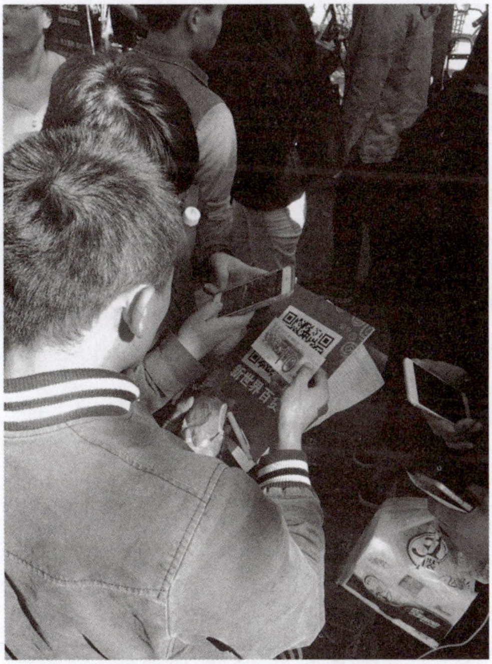

图 2-1-2　北京望京扫码一条街场景（二）

图 2-1-3　扫码获得的战利品

当然，天下没有免费的礼品，除了扫码，你可能还会被要求关注公众号、安装手机 APP 或注册成商家的会员之类，具体要求也会根据礼品轻重而定。号称高大上的互联网公司，也开始走地推这种原始生长的路径，可见扫码推广有多疯狂，当然，如此疯狂也说明扫码关注的推广方式有效果，才会让这么多公司趋之若鹜。巧合的是扫码一条街所在的望京区域地图，像极了安卓的机器人标志。

用户可通过微信或优酷客户端扫图 2-1-4 中的二维码观看望京扫码一条街现场情况，请在 Wi-Fi 环境下观看，土豪随意。

图 2-1-4　扫码观看望京扫码一条街视频

2015 年 11 月到 12 月，包括首都北京在内的中国很多地区受到雾霾侵袭，雾霾成了很多国人面临的问题和关注的焦点。在长沙，如图 2-1-5 所示，一种叫雾炮车的新型装备参与到了除霾的战斗当中，雾炮车喷出的超微水雾与悬浮在空气中的 PM2.5、PM10 粉尘颗粒附着聚集并沉降，能起到一定的消除污染物和除霾的作用。因为雾霾受到的关注较多，这种雾炮车也让很多人产生了期待。而雾炮车上的二维码也随之受到关注，成为企业的一个互动宣传窗口。

图 2-1-5　带二维码的雾炮车作业中（图片来自网络）

诸如此类，在大街上、在网络上、在地铁上、在电梯里、在电视上……各式各样的二维码，以及伴随着这些二维码展开的营销活动，依次映入眼帘，有一种万“码”奔腾的感觉。而你掏出手机，打开扫一扫，对着二维码一顿扫，各种优惠信息“码”上获取，互动活动“码”上参与，“码”上关注微信公众号，“码”上参与抽奖，“码”上参与抢红包……是不是有一种横扫千军万“码”的错觉。这些是我们最常见到的二维码，也是二维码最常用的营销应用方式。

在移动互联网初期，二维码主要用于扫码上网，访问一些简单的 WAP 页面。后来 WAP 页面应用渐渐丰富起来，出现了扫码参与抽奖、扫码填写调查问卷、扫码报名、扫码购物等营销玩法。随着微信的出现，结合微信营销和抢红包等新应用模式，出现了扫码关注公众号、扫码抢红包、二维码返现、扫码点评打赏等新玩法。

归纳总结起来，按二维码出现的地方是在网络界面上还是非网络界面上，分为线上二维码和线下二维码。线上二维码就是指我们在计算机上、手机及 Pad 等联网设备上看到的二维码，相对的，线下二维码就是指我们在报刊杂志、户外广告、电梯广告、名片及电视上看到的二维码。线上二维码的目的主要是进行多屏之间的互动，而线下二维码更多的是为了方便线下到线上去，实现线上线下互动，即所谓 O2O，当然这只是 O2O 的一种，关于二维码与 O2O 将在“第 4 章二维码和 O2O”中做详细阐述。

2.1.2 扫码投票

如果说最早的二维码被读凭证类应用是 2005 年在上海开通的电子电影票应用，那么较早的知名的二维码主读扫码类应用就应该是 2006 年的扫二维码为超女投票了。超女即超级女声，是湖南卫视在 2004 年至 2006 年举办的针对女性的大众歌手选秀赛，每年一届。超女接受任何喜欢唱歌的女性个人或组合的报名，是中国较早的选秀节目，让一些原本默默无名的女生通过选秀节目成长为偶像，张含韵、李宇春、周笔畅、张靓颖及谭维维等明星就是从超级女声走出来的。

现在看来，扫码投票这样的应用已经不算稀奇，二维码链接到对应选手的页面，点击页面上的投票按钮完成投票。然而，在十年之前，在互联网和二维码并不普及的时候，扫码投票可谓新颖前卫，手机上网和解码软件的普及率成为制约这一应用的重要因素。

图 2-1-6　2006 年，北京地铁站里的超女二维码投票广告

2006 年，当你走在北京的地铁站里的时候，会看到墙上的超女二维码广告，如图 2-1-6 所示。若想参与扫码投票，首先要下载条码识别软件，然后扫码进入对应明星的 WAP 网站完成投票，详细参与方式如图 2-1-7 所示。此时用的二维码还是 DM 码，每个二维码对应六位数字，并与选手一一对应。

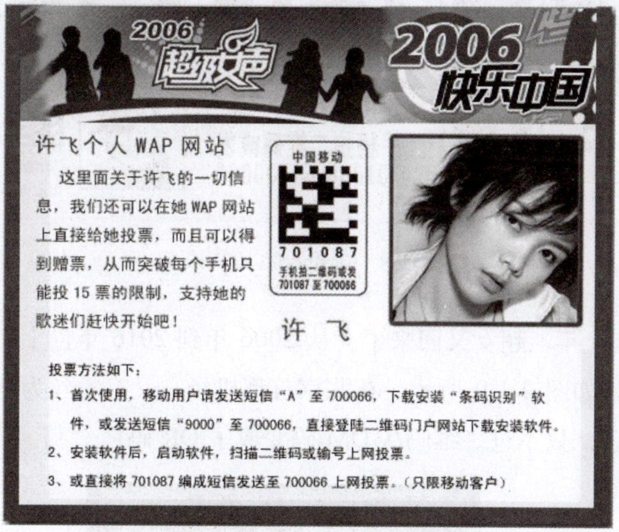

图 2-1-7　扫码为超女投票详细参与方式

其他选手也都有自己对应的二维码及二维码对应的六位数字，如图 2-1-8 所示，依次是艾梦萌对应的“701083”，谭维维对应的“701084”，厉娜对应的“701085”，尚雯婕对应的“701086”，许飞对应的“701087”，刘力扬对应的“701088”。这六个人是 2006 年超级女声的全国六强，最终获得冠军的是尚雯婕。

需要说明的是，二维码投票只是超女投票方式中的一种，其他的投票方式有短信投票等。

图 2-1-8 选手对应的二维码

转眼到了 2016 年，超女又回来了。从 2006 年到 2016 年，十年了，二维码依旧活跃，不信你看，如图 2-1-9 所示，在北京首都机场，又有粉丝为他们的偶像选手投放广告扫码拉票了，只不过二维码从 DM 码变成了 QR 码！

图 2-1-9 2016 年超级女声归来，有粉丝为选手投放广告扫码拉票

2.2 二维码营销设计的注意事项

在做二维码营销设计二维码的时候，要注意很多细节。其中，线下二维码因为出现在线下，具有一定的实体性，结合营销活动进行设计时，还有一些特别需要注意的地方。

1. 出现在各类广告海报上的二维码要粘贴在便于识别的地方，太低不方便，太高够不着。二维码出现在离地面1米4到1米6的位置上较为合适，能照顾到大多数人的拍码高度。

2. 二维码最好能有机融入到设计元素里，有创意的二维码设计和品牌LOGO放在一起，能让人对品牌产生较好的认同感。同时要考虑用色对比、清晰度、大小等基本因素，便于快速扫码。

3. 在地铁、广场等人流密集的地方扫码时，要注意自身安全且不要影响通行。

4. 二维码最好不要粘贴到可移动的广告位上（注意不同于移动互联网广告位），如车身外部广告，一来这样不安全，二来不方便扫码。如果商家把二维码放在了移动的广告位上，用户在扫码的时候要注意安全，确保移动物体在固定停放的时候进行扫码。

5. 如果二维码出现在电视屏幕上，那么考虑到电视播放制式和屏幕尺寸的问题，最好二维码要做大一些，清晰度高一些，这样能兼顾到较多的电视屏幕制式。另外，二维码放置的时间最好长一些，怕影响内容播放可以放在角落里，否则会出现看到二维码，掏出手机，打开扫一扫的时候，可能电视已经换片没有二维码的情况。另外，除二维码外，要增加其他途径的参与说明，方便扫不出二维码的人也能参与，这一点其他线下二维码的情况也同样适用。如图 2-2-1 所示为电视上的二维码互动活动。

图 2-2-1　电视上的二维码互动活动

6．移动互联网概念

无论是线下二维码还是线上二维码，主要是给手机扫码，扫出的结果是展示在手机页面上的。所以，页面一定要是适合手机访问的，这里就有一个移动互联网的概念，比如 WAP 页面，或 APP 下载的，不行做个 H5 页面也行，现在一般的 H5 页面普通功能也是免费提供的。注意，扫码后千万不要指向一个 PC 页面，在手机上看 PC 页面看不清楚，看得很累，体验很差。

如图 2-2-2 所示，某银行营业厅落地窗上挂的二维码广告牌，应该说充分利用营业厅的外窗位置进行二维码营销活动的创意不错，活动奖品丰富也挺吸引人的，二维码也够醒目，只是悬挂的位置高了一些，会影响到参与度。

图2-2-2 某银行营业厅外窗上悬挂的二维码广告牌

其实，这些还都是一些方便扫码的条件，只是让我们方便扫码，扫码方便就会有人扫吗？方便扫码是扫码的理由吗？显然不是。所以，请给用户一个扫码的理由，请给用户一个扫码的理由，请给用户一个扫码的理由，重要的事情要说三遍。二维码对应的活动一定要设计好，设计上要漂亮大气，内容上要说清楚扫码是为了干什么，毕竟现在二维码已经普及，二维码发展早期的时候还能放个二维码要酷，现在二维码已经很普遍，所以，一定要说清楚扫码是为了干什么。要想让用户扫码，最好能同时结合营销活动给扫码者实际的好处。给实际好处最直接的方式就是有奖，至少也是抽奖，嫌实物奖品麻烦成本高，也可以发小额微信现金红包，这种方式虽然简单，但直接有效。

2.3 线上二维码，多屏互动无缝切换

一般而言，二维码扫码类应用主要目的是方便线下到线上，即二维码一般放在线下位置。因此，二维码一般不会出线在线上，因为你本来就在线上，二维码出现在线上似乎多此一举。但随着移动互联网的出现，出现了一些新情况，使得二维码也出现在了线上。二维码出现在线上还分为出现在 PC 端和出现在移动设备上（手机和 Pad 等）两种情况。

二维码出现在 PC 端，除了方便用户在不同屏幕之间都能观看内容或操作外，主要有以下这几种情况。

1．扫码后的操作必须在手机端完成。

比如，关注微信公众号，或者安装手机 APP（当然在 PC 端下载了安装文件，传送到手机上也可以完成安装，但远远没有直接扫码下载 APP 方便）。

2．为了增强手机客户端（APP）的用户黏性，让用户多用网站对应的手机 APP，抢占手机端用户市场。

比如，同样一件商品在计算机上也可以买，在手机上也可以买，在计算机页面上放个二维码，提示手机下单有优惠，促使用户使用手机 APP 扫码来购买商品。这也是为什么现在移动端交易额及交易比例越来越高的一个重要原因，同样的商品，手机端更便宜，你说是在 PC 端买还是手机端买呢？当然，如果有钱，那么也可以任性，但大多数老百姓还是在乎的。这里的二维码实际上起到的作用就是下载 APP，因为如果已经下载了 APP，不用扫商品页二维码，则也可以在 PC 端加入购物车，然后到手机端进行结算，同样享受手机优惠价格。如图 2-3-1 所示，电商商品页上出现二维码，方便用户手机下单，一般也会比在 PC 端购买有更多优惠。

2-3-1　电商商品页面上出现的二维码

再聊聊二维码出现在 PC 端广告上的情况。一般按 CPC（Cost per Click，即按点击收费）收费的服务商，是不允许广告素材上出现二维码的，想想大家都扫码访问了，服务商还怎么收点击费呢？当然，如果是按时长等方式付费，服务商就不管广告主放不放二维码了。随着技术的发展，和计费方式的改变，也可以按二维码的扫码情况进行收费。

还有就是我们知道在网站发帖是一种传统且有效的推广方式，后来，很多网站为了防止广告帖子泛滥，不允许帖子内容里还有外部链接。如果网站不是人工审核或对图片要求不严格，那不妨在图片上加上二维码，感兴趣的浏览者可以通过扫码在手机端访问你要推广的页面。

微博巧用二维码增强手机端微博用户黏性

大家都在争抢用户的手机屏幕，作为老牌社交平台的微博自然也不例外。微博巧妙地利用二维码来增强手机端用户黏性。

微博用户在微博 PC 端参与的活动，很多会提示用户手机扫码在手机端参与。与电商购买商品既可以在 PC 端也可以在手机端操作不同的是，微博的很多活动只能在手机端参与。微博里需要在手机端参与的场景还有很多，比如微博红包的很多操作，包括礼品红包的查看、现金红包的提现等，都需要在手机端完成。

之前 PC 端和手机端还都能参与抽微博粉丝红包，最新的微博粉丝红包只能在手机微博上抽取而不能在 PC 端抽取，大家要抽取微博粉丝红包需要安装新版微博手机客户端。如在 PC 端看到抽奖界面，需要用手机微博扫描二维码参与，如图 2-3-2 所示。如果说其他活动二维码还在可参与与不参与之间，那么这里的微博红包作为现金红包的吸引力就足够大了。无论在微博上，还是在微信或支付宝上，都是如此。

图 2-3-2 微博抢红包需要在微博手机端参与

微博对二维码的应用也算是非常丰富的，除了上面这些必须要在手机端参与的情况以外，在微博的很多页面，如微博话题页等处都有二维码方便用户在手机端参与。扫描图 2-3-3 中的二维码，可参与微博话题#玩全二维码营销#的讨论互动，可发表对本书的一些点评，以及自己对二维码营销的看法。

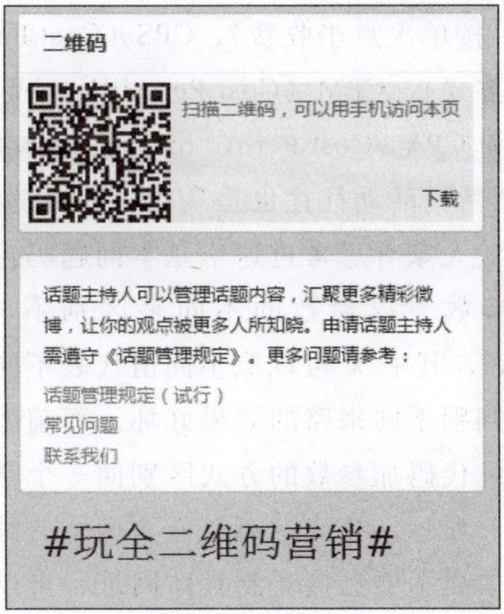

图 2-3-3　微博扫码参与话题#玩全二维码营销#互动

2.4　二维码的效果监测，不同门店的二维码效果比较

通过二维码进行互动可以监测效果吗？同一个营销活动，二维码放在不同门店，如何知道哪个门店效果好呢？

要回答这个问题，首先来了解二维码实际扮演什么角色。虽然，二维码可以存储的内容很多，但随着移动互联网和云计算的发展，更多的应用被储存在云端，二维码只是充当了一个链接的角色。一般在主读应用中二维码只含有一串网址信息，在被读中二维码只是一串字符。在被读中二维码根据字符的不同进行区别记录，且每个码只是单个行为单个码不存在整体效果的问题（整体效果可以对所有码进行统计），所以这里讲主读扫码互动中二维码的效果监测问题。

再来说一下互联网中常用的广告投放形式，大家应该都耳熟能详的有

CPC（Cost Per Click，按单次点击收费），CPS（Cost Per Sale，按单次售卖返佣，较好的效果营销方式），CPM（Cost Per Mille，或者 Cost Per Thousand，按每千人成本收费）和 CPA（Cost Per Action，按每单次行动收费）等。无论哪种计费方式，某一个营销活动往往也是从不同入口链接到同一个活动页面，那是怎么区分来路呢？大家有思考过这个基本问题吗？其实也挺简单的，就是在链接代码上加参数，以参数的不同来区别不同来路，比如“某某某.com/a.html?from=x”，其中 x 可以取不同值代表不同来路。并对需要监控的数据进行监控，以判别不同来路的效果好坏。而前面说过二维码就代表一个网址，也就是用网址代码加参数的方式区别同一个营销活动放在不同位置的二维码。如图 2-4-1 所示，扫码后可以看到两个二维码都链接到同一个网页，但参数不同（微信里不能直接看到具体网址，可以在浏览器中打开看，或“复制网址”看具体网址)，分别代表不同的来路（如不同门店）。

图 2-4-1　同一活动页用不同参数区别来源

需要注意的是，现在只是通过这种方式统计二维码数据，还很少按扫码数据多少来收取费用。

第 3 章
二维码和微信营销

可以说是微信推动了二维码的发展，微信扫一扫让二维码风靡天下，可见微信这种亿万量级应用的能量之巨大。微信的巨大能量甚至惊动了运营商，一度微信收费的传言甚嚣尘上。最终微信不仅没有收费，反而成了最火的手机 APP，成了社交的必备工作，成了手机里神一样的存在。其实，微信不仅仅是二维码的大推手，更是二维码的大玩家。微信里有关二维码的应用很多，和二维码结合的营销玩法也有很多。

在 2015 年腾讯全球合作伙伴大会［互联网+微信］分论坛上，微信团队发布了《微信生活白皮书》，“白皮书”数据显示微信用户 60%是 15~29 岁的年轻人，平均每个微信用户有 128 个好友，每天的购物高峰是早上 10 点和晚上 10 点，2015 年 9 月份微信平台日登录用户数量为 5.7 亿人。从“白皮书”数据可以看出，微信已成为人们社会生活中不可缺少的一部分。不仅是社交，微信已经渗透到人们生活的每一部分，衣食住行，运动、健康、购物、读书、旅行……如图 3-0-1 所示，微信典型用户的一天。

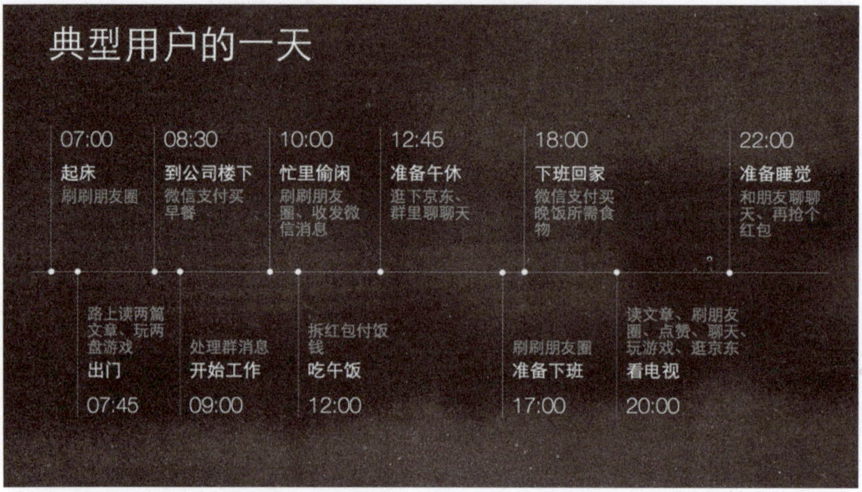

图 3-0-1　微信典型用户的一天（图片来自《微信生活白皮书》PPT）

以“微信运动”为例，“微信运动”这一应用深受用户欢迎，很多用户借着朋友圈“晒步数”来督促自己运动。通过对“微信运动”的数据统计发现，人们日常运动的高峰期是晚 8 点到 9 点，而且微信用户周末运动量反而没在工作日大，看来大家在工作了一周后到周末更希望休息而非运动。“微信运动”为提高用户参与的热情，还将运动与公益活动联系起来。用户通过“微信运动”把自己每日运动步数捐赠出去，腾讯基金会会根据用户捐赠的步数按比例来确定捐款金额，用户捐赠步数越多，腾讯捐款金额也会相应增加。截至报告发布前，微信用户已累计捐赠 1678 亿步，对应捐款金额达 3357 万元，步数连接起来可以在地球和月球之间往返 260 次。更多的《微信生活白皮书》的内容可以扫图 3-0-2 中的二维码查看，这也算是利用二维码的特点了，方便查看更多内容。

图 3-0-2　扫码查看微信生活白皮书 PPT 内容

即便没有这些数据，我们也能感受到微信很火，但通过这些数据，我们能知道微信有多火。简单地说，现在的人和他们的朋友，几乎都在微信上。他们在微信上通过好友间、微信群和朋友圈进行信息展示和互动沟通。营销的目的是什么？是影响人，进而影响人的购买行为。那大部分的人在手机上是在哪里？是在微信里。那去哪里影响人呢？自然是要去微信里影响人做营销了。能在微信里形成广泛传播，营销效果是显而易见的，因此，微信营销受到商家青睐，成为商家线上营销尤其是手机端营销的主战场。

那推广信息具体如何在微信里快速传播开来呢？那就要设法让用户参与分享。常用的能促使用户分享的效果较好的营销方式有抽奖、砍价和投票等。其中，抽奖适合品牌传播和促销，砍价适合做销售，投票适合推广公众号。

需要说明的是，微信的定位或者说基因是社交平台而非交易平台，因此不支持过度营销，所以，在开展微信营销活动的时候，要注意和遵守微信的规则。因为，很多微信营销是需要和微信公众号结合的，微信对于开展公众号的运营有一系列的规范措施，内容中也含有对开展微信营销的规范，可在微信公众号后台查看。

微信定位于社交平台不像淘宝一样本身就是交易平台，这也是基于微信的微商没有发展起来的一个重要原因。微商主要指在微信生态内开展的电子商务行为，也和传统的电子商务一样分为 B2C（商家到个人）和 C2C（个人到个人）模式，主要在微信群、朋友圈，以及利用二维码开展营销活动。在微信里，用户可以不用注册账号直接绑定微信号到一些微商网站购物，下单后再通过微信支付来完成付款，应该说购物流程方便，体验好，前景也好。但在目前发展中，除了微信本身的支持力度有限外，微商还受到来自同在用户手机里的各家电商手机 APP 购物方式的冲击。按照微商定义，如果在微信里通过淘宝购物，则也可以算是微商，但目前在微信里打不开淘宝链接，只能通过浏览器打开的方式间接用浏览器或手机淘宝打开。看起来是因为巨头对垒而设置的应用壁垒，但反之如果开放微信内淘宝购买，那估计微信的平台要被淘宝交易和随之而来的购物营销占领，这将会在一定程度上破坏微信的社交基因。凡事都有两面性，有利必有弊。举个例子，某件事开始有 A、B 两个方案，然后有支持 A 方案的有支持 B 方案的，最终这件事情按照 B 方案做了。于是有人就揪着 B 方案的不足说事，其实不妨想想，假设按 A 方案来做其实也会有不足，要综合对比两种方案来看。也还好微信里没法直接访问淘宝链接，否则留给其他微商发展的空间更为有限。而且即便微信封锁了淘宝链接，淘宝还是发明了淘口令的方式，让用户以复制淘口令的方式参与到淘宝的活动中。

当然，制约微商发展的除了外部原因，还有其自身原因。很多微商还有一个层级代理的概念，不同的层级有不同的价格和拿货量的要求，当然，这个多级代理概念在传统商业中也是有的。部分不法微商把这种模式发展成拉人头发展下线的类传销模式，这也给微商的发展带来了负面影响。当然，不能因此就对微商一竿子打死，无论是实体商务，还是电子商务都存在诚信商家，也有不诚信商家，这不是微商独有的问题。坏人哪里都有，你要做的是了解这方面的知识，学会具体问题具体分析。

我们都知道是微信扫一扫让二维码风靡开来的。那微信扫一扫首先扫的就是好友二维码，每个人的微信账号都可以生成一个二维码。加好友的最快方式不是问账号，而是我来扫你微信二维码，加好友一下子方便了。除了扫一扫，微信里的二维码应用还有很多，主要分为二维码（图片呈现）和扫码两个部分应用。微信里除了二维码的基本应用，微信结合二维码的营销玩法也有很多。这里重点讲微信和二维码结合的营销玩法，也会带着讲很多微信营销的基本玩法。

3.1　微信扫码工具应用

3.1.1　微信扫一扫，一码不扫何以扫天下

微信扫一扫既让二维码为世人熟知，也让加好友更方便促进了微信自身

的发展，可以说微信和二维码相得益彰。

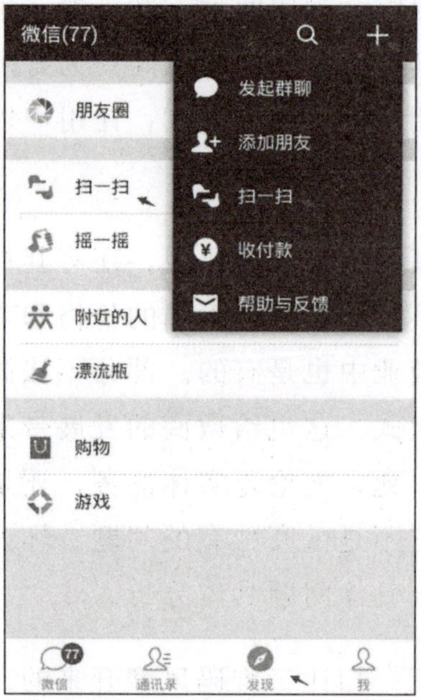

图 3-1-1 微信扫一扫界面

如图 3-1-1 所示，点开微信右上角的"+"，就会看到扫一扫，打开扫一扫对准二维码（将二维码放入扫描框内）即可自动扫描二维码，可以得出二维码内容，或者扫码上网参与各种互动等。此外，点击下方的"发现"栏目，也可以找到扫一扫功能界面。

其实，微信扫一扫除了能扫二维码和条形码，还能扫封面和街景，甚至扫描单词并翻译，如图 3-1-2 所示，功能可谓丰富。

图 3-1-2 微信扫一扫还具有扫单词翻译功能

3.1.2 从相册选取二维码，手机没摄像头也能解码

你说都有扫一扫功能扫码没问题了，还要如图 3-1-3 所示这个"从相册选取二维码"干什么？当你使用手机越多，你碰到的情况就会越多，在一些情况下，用这个功能可以更好地完成解码。一种情况是恰好手机相册或其他存储区里有二维码图片，可以直接通过这种方式解码。否则你要把二维码图片放到其他地方，比如，计算机上或打印在纸上等，然后再用上面的扫一扫解码，这样没有直接从相册选取二维码解码方便。

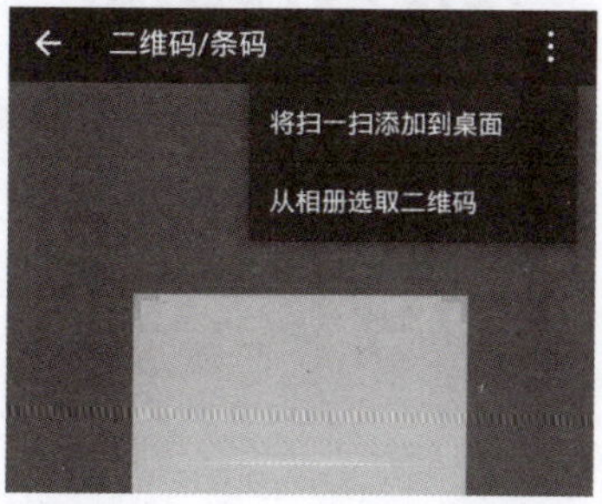

图 3-1-3 从相册选取二维码

另一种情况是某些摄像头直接扫码扫不了。之前有个同事的手机摄像头精度不够，也没自动变焦功能，怎么也扫不了二维码。后来，他先拍下二维码，再用这种办法完成了解码。当然，现在随着手机摄像头配置越来越高，这种情况就越来越少了。

还有一种情况是某些 APP 打不开摄像头。比如，笔者之前手机的摄像头可以拍照，但淘宝里的扫一扫就是打不开摄像头（摄像头下是黑屏，权限设置里已允许淘宝打开摄像头），幸好有这种方式（手机淘宝里也有这个功能）才好扫描二维码。首先，用摄像头将二维码拍成照片，再选用这个功能解码二维码，虽然过程曲折一些，但终归能解码，否则可能要干瞪眼了。当然，某些 APP 用不了摄像头，原因比较复杂，可能是手机问题，或者是手机内存太少不够某些应用调用摄像头，或者手机与 APP 的兼容问题，后来，换了一部手机用淘宝就能正常使用扫码功能了。

实际上可能还会碰到其他类似的情况，也可以用这种办法完成解码。大家在使用二维码过程中碰到的各种问题，都欢迎通过微博和微信等方式和笔者交流分享。微博二维码之前有公布过。笔者还建立了一个微信公众号：马上开心，这个公众号会发布二维码相关的评论、案例、新闻等信息，也会发布一些热点信息。这个公众号二维码如图 3-1-4 所示，欢迎通过这个公众号与笔者交流，共同学习进步。

3-1-4　微信公众号：马上开心

3.1.3　识别图片中的二维码，线上营销法宝

微信里除了好友之间的交流，还有个重要功能就是浏览别人分享的网页，浏览的网页里经常会出现二维码图片。既然前面可以解码相册里的二维码图片，那直接解码网页上的二维码图片应该也是可以的，而且更为方便。如图 3-1-5 所示，长按含有二维码的图片出现的菜单中含有“识别图中二维码”栏目，点击“识别图中二维码”即可完成解码。

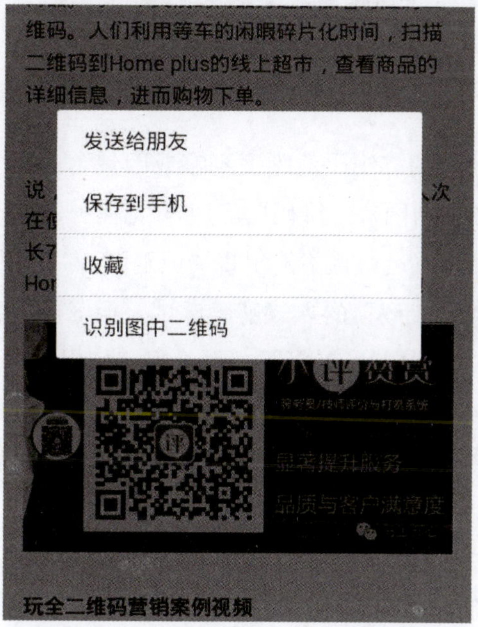

图 3-1-5　在二维码可识别情况下，出现“识别图中二维码”功能

微信对于图片中二维码的识别是智能匹配的，如果是图片中没有二维码或二维码无法识别的情况（如二维码太小或太模糊等情况），则长按图片在出现的菜单中不会有“识别图中二维码”栏目，如图 3-1-6 所示。

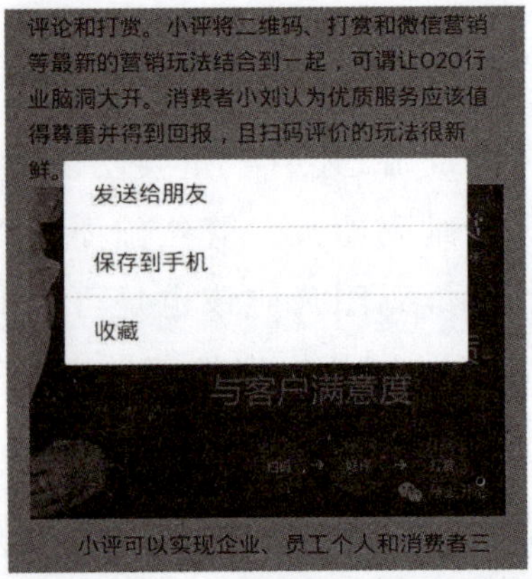

图 3-1-6　无二维码或二维码无法识别的情况下，不会出现“识别图中二维码”功能

有时候，由于图片中的二维码清晰度不够或因包含内容多而过于密集，长按图片可能不会立刻出现“识别图片二维码”，可以耐心等一小会儿，或者把图片放大后再长按图片。如果多种尝试后一直不能出现“识别图片二维码”，可选择保存图片用前面讲的“从相册选取二维码”的方式解码试试。但一般而言，如果长按图片弹出菜单中一直没有出现“识别图片二维码”，那么用“从相册选取二维码”也是识别不出二维码的，这个时候，可以把图片传到电脑上，用扫一扫的方式解码。扫一扫的解码方式比前两种效果好，一般情况下都能解码。如果手头没有电脑不方便把二维码传到 PC 端，则可以把二维码图片发到身边朋友的手机里，然后再使用扫一扫解码。如果手头只有手机且附近也没有好友，则可以尝试将图片中的二维码部分剪切出来，再使用“从相册选取二维码”扫描剪切出来的二维码。当然，如果二维码特别小或特别模糊，那么上述的各种方法也无法做到解码。

为什么前面已有扫一扫和从相册选取二维码，还要有识别图中二维码功能呢？应该说这个功能其实是对之前一个功能从相册选取二维码的升级，别小看这个功能，一来这个功能可谓是创新，之前没见过类似应用，二来这个应用将在线上的微信营销中发挥重要作用。比如，通过这个方式识别图中微信公众号二维码是线上进入微信公众号的快捷途径，这点将在后面的“3.2.3

微信公众号二维码，二维码是公众号推广的主要手段”做详细介绍。还有，有些地方不方便发链接，发图片的方式比较方便，比如，不方便将微信群的链接发到朋友圈，但发微信群的二维码到朋友圈则是可以的。

3.2　微信互动类二维码

除了这些扫码功能，微信里还有很多地方出现了方便互动的二维码，下面一一进行介绍。

3.2.1　微信好友二维码

点开微信“我”按钮后，看到如图 3-2-1 所示界面，可以看到右上角有个二维码小图标，点开就是你个人的二维码了，别人可以通过扫一扫你的微信二维码申请加你为好友。当然，你可以设置“加我为朋友时需要验证”，这样别人扫了你的二维码也还需要得到你的同意才能通过。点击图 3-2-1 中的头像及昵称区域，可进入个人信息界面，点击里面的“二维码名片”可进入二维码名片界面，可以通过“换个样式”更换个人的二维码图样。

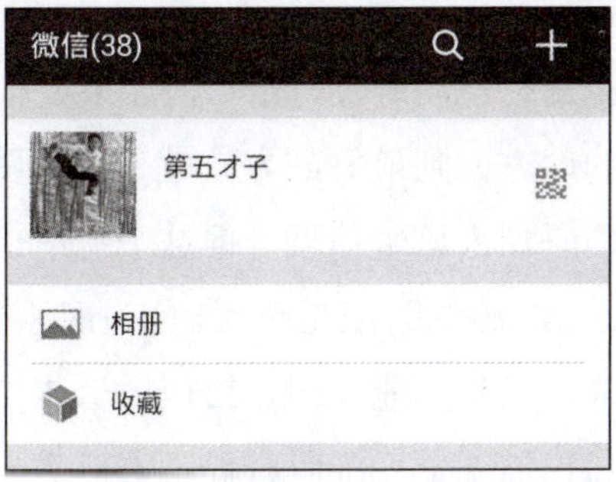

图 3-2-1　点开图中二维码可看到个人微信二维码

如果要想多加好友，可以将自己的微信二维码放到自己的微博、QQ 空间、人人网及陌陌等其他社交应用上。同时，要说明自己的目的及优势，比如，自己擅长某领域希望和大家交流之类的。如果你是某方面的牛人或者能将自己包装成某方面的牛人，自然加你的人趋之若鹜。另外，最好是借他人之口，毕竟第三方的夸赞好过自卖自夸。比如，可以借助社群大家互推，将自己的好友范围快速扩大。微信目前的好友上限是 5000 人，到达上限后需删除之前的好友才可以加新的好友。

3.2.2 微信群二维码

好友之间的交流是一对一的，内容也是特定的。而微信群里的交流则是多对多的，交流的范围也更为广泛，因此，微信群可谓是微信中使用频次最高的应用，也是分享的主要渠道之一（相对而言，朋友圈对应的朋友数量毕竟有限）。

建群的人是群主，也是群里的第一个人，其他人是群成员。所有人都有权利邀请新人，但只有群主有权利踢人。最新的微信版本里群主可以将群主管理权转让给指定的群成员，另外，如果群主退出，则群主后面的一个人自动升格为群主，依此类推。

群里的所有人都可以邀请自己的好友入群，但如果要把入群的邀请发到其他群或朋友圈、微博等微信以外的地方，则最好的方式就是用如图 3-2-2 所示的群二维码。看到这个二维码的人可以扫码加入该微信群。但这个邀请也有几个情况的，首先，这个二维码是有时限的，这个二维码的时限是 7 天，超过时限再扫描二维码就没法用了。当然，二维码可以持续生成，只是不能一个二维码一劳永逸。另外，即使在时限内，如果群成员超过 100 人，则扫描这个二维码会提示群已满员，无法加入，这个时候只能单个一对一邀请了，且被邀请人要通过微信的实名认证才能接受邀请。

图 3-2-2　微信群二维码

如果是比较私密的群，则记得一定不要把邀请的二维码发到一些公开场合，否则加进来的人会良莠不齐，未必是这个群想要的人。很多人的目的并不单纯，可能是为了抢红包或者发广告才加入群的。不要小看微信群，微信群是一个小群体，也可谓是一个小社会，透过微信群可以看到形形色色的人。作为群主，管理群也相当于管理一个小集体，在管理群的过程中，也会得到很多管理方面的经验。所以，建议大家可以建立一些群尝试一下，作为提升管理经验的一个辅助方式。

另外，微信群还有一个经验分享，就是一个群里要能持续有话题和红包，否则群难以活跃。对于内容不是太恶劣，频次不会太频繁的广告，要能学会容忍。上面这几块内容是群能持续活跃的几个重要因素，否则时间一长群就没声音了。

3.2.3　微信公众号二维码，二维码是公众号推广的主要手段

前面已经讲过微信营销的重要性，可以开展很多具有分享性的活动进行微信营销。但这些营销活动一般都有时限，即使没有时限，也有生命周期难

以长期火下去，若想要长期在微信里占据一席之地开展营销，则需要借助微信公众号。

微信公众号分为订阅号、服务号和企业号。其中个人只能申请订阅号，企业号主要用于企业内部沟通协作。企业对外推广的窗口一般是订阅号或服务号，订阅号的好处是每天可群发 1 条消息，而服务号每月只能群发 4 条消息。服务号的好处是消息直接显示在好友对话列表中，而订阅号消息显示在"订阅号"文件夹中。此外，服务号最大的作用是可以调用高级接口，可以开发更多自定义功能，还能申请开通微信支付。订阅号和服务号的详细区别如图 3-2-3 所示。

不同类型的公众号所具备的功能权限是不一样的，主要区别：

功能权限	普通订阅号	认证订阅号	普通服务号	认证服务号
消息直接显示在好友对话列表中			✔	✔
消息显示在"订阅号"文件夹中	✔	✔		
每天可以群发1条消息	✔	✔		
每个月可以群发4条消息			✔	✔
基本的消息接收/回复接口	✔	✔	✔	✔
聊天界面底部，自定义菜单	✔	✔	✔	✔
九大高级接口				✔
可申请开通微信支付				✔

图 3-2-3　微信公众号中订阅号和服务号的功能权限的区别

因为，服务号和订阅号各有优劣，很多企业在最初开始申请微信公众号的时候，比较纠结到底申请订阅号还是服务号。笔者的建议如果要做个性化的应用开发，就申请服务号，否则申请订阅号就够了。虽然，服务号发的消息比订阅号醒目，但这种醒目也是双刃剑，发的内容不好也很容易引发用户反感，从而取消关注。毕竟手机屏幕有限，用户不想被较多的服务号影响，而订阅号只占一个文件夹，用户关注的订阅号多一些也无所谓。当然，如果你的企业规模够大，则可以同时申请多个订阅号和服务号，各自起不同的作用。此外，建议对微信公众号做一个认证，认证后会获得“V”标志，这样账号对应了官方公司比未认证的可信，目前认证费用是 300 元每年。

不是建好微信公众号就万事大吉的，这是公众号营销万里长征的第一步。如何吸引用户关注，并形成良好互动，是微信公众号的主要工作，如果建了公众号不去做运营管理，那其实和没建公众号也没什么区别。另外，也要根据自身情况确定微信公众号的策略，首先分析是否需要公众号，如果确实没有建公众号的必要，那也没必要一窝蜂地搞公众号。如果确认公众号对公司营销有足够帮助，那就要好好开展公众号的运营和营销工作，除了基本的内容运营、栏目设置外，常用的公众号营销玩法有关注公众号直接得礼品或微信红包、参与抽奖抽 iPhone 6S、拉投票等方式，如果是线下商家，则还可以用摇一摇摇优惠券或礼品券、扫码连 Wi-Fi 的玩法吸引用户关注公众号。

在具体操作上，除了公众号文章的传播，关注公众号最常见的方式是通过微信公众号二维码关注，可为什么会是这样呢？对于一件事情，我们知其然，更要知其所以然，下面我们就来分析一下这个问题。

关注微信公众号很关键，对于一个未关注的公众号，用户具体如何进入到公众号介绍页面呢？总结起来常用途径有以下四种。

第一种是通过搜索公众号名称进入。

第二种是已关注微信公众号的用户，通过公众号介绍处的“推荐给朋友”栏目给朋友推荐，朋友通过该推荐进入微信公众号，如图 3-2-4 所示。

图 3-2-4　第二种方式是通过公众号的“推荐给朋友”方式进行关注

第三种方式是通过微信公众号文章上面的文章发布公众号点击进入，如图 3-2-5 所示。

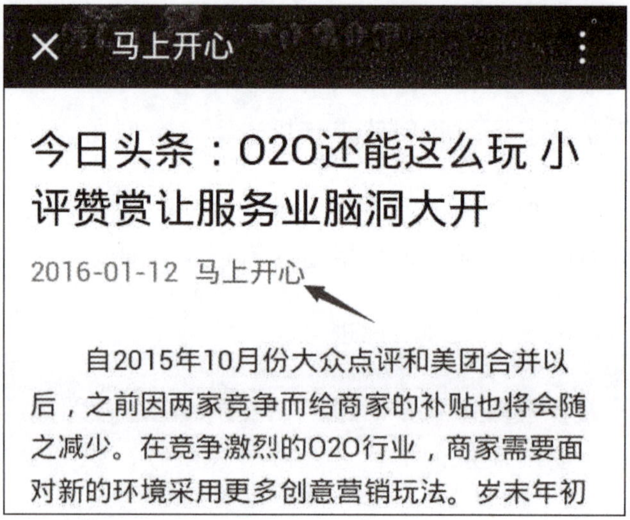

图 3-2-5　第三种方式是通过公众号文章发布者链接进入

第四种就是通过如图 3-2-6 所示的微信公众号二维码进入。

图 3-2-6　第四种方式是通过微信公众号二维码进入

前三种方式都是在微信 APP 内的，在微信外，只能通过二维码方式扫码进入公众号。而即使是在微信内，通过链接方式进入，也只能是通过微信公众号文章的发布者链接，而无法通过其他链接直接进入，或通过前面讲过的“识别图片中的二维码”识别任何网页或图片上的公众号二维码进入公众号。第一种方式不够方便，而第二种方式是个人之间的，不是营销主流途径。第三种方式需借助微信公众号文章，显得不够直接，而第四种方式是无线，在线上线下都能快速进入公众号，所以整体来讲，微信公众号二维码是关注微信公众号的最佳途径。另外，笔者还尝试过将图 3-2-6 中的微信公众号二维码解码出对应的网址，并在微信里打开这个网址，结果不是链接到公众号，而是提示用浏览器或应用打开，最终是链接到微信安装文件的下载，可见微信是限制外部链接进入公众号,这也让二维码方式进入公众号显得特别重要。

当然，微信还有一些其他的公众号进入方式，比如微信连 Wi-Fi 及原创文章引用入口，但这些都是微信的系统级应用。前面有介绍过一些关于公众号营销的常规玩法，关于结合二维码的微信营销及公众号营销的具体玩法，将在“3.3 微信和二维码结合营销玩法”里做详细介绍。

3.2.4 微信支付二维码，从“伸手要钱”到“一手遮天”

我们知道，出门一定要记得“伸手要钱”，即不要忘记带上身份证、手机、钥匙和钱包。随着二维码支付的完善和更多商家的支持，以后出门可以不用带钱包了，不用银行卡不用现金，只需调出微信、支付宝或其他支付方式的付款二维码或付款条码，即可完成支付买到自己想要的东西。另外，二维码代替钥匙的功能也是可以的，我们之前做过二维码访客的功能，就是相当于二维码代替钥匙开门。另外，身份证比较特殊，原理上也是可以用二维码实现个人身份认证的问题。所以，我们以后出门只要带上手机就可以了，可谓从“伸手要钱”到“一手遮天”。

微信二维码支付分为两种，个人之间的支付和个人向商家付款，首先，都需要用户开通微信支付功能。用户完成实名认证并绑定银行卡即可开通微信支付，具体按提示操作即可。个人之间的支付可以用微信收款或 AA 付款完成。在微信收款方式中，付款人扫收款人的二维码，输入金额完成付款。AA 付款中付款人点击 AA 收款人发起的 AA 收款链接或扫对应的二维码完成付款。个人向商家付款即微信里的付款功能，首次进入付款功能需要输入个人微信支付密码，再次进入则不需要再输入支付密码，小于 1000 元的微信支付是不需要输入密码的，应该说从付款角度是非常方便的。为应对支付码被盗用的问题，对应的二维码和条形码会每分钟自动动态更新。为提高安全性，建议不使用付款的时候“暂停使用”付款功能，这样再进入付款功能时需要输入支付密码。另外，建议设置微信钱包的手势密码，这样在使用过程中有时还需要输入手势密码，安全性得到提升。

恰好在写这本书的时候，微信的版本做了更新，在右上角的“+”里增加了付款功能，从原来的只有收款变成了收付款，如图 3-2-7 所示，让付款操作也更为方便了。

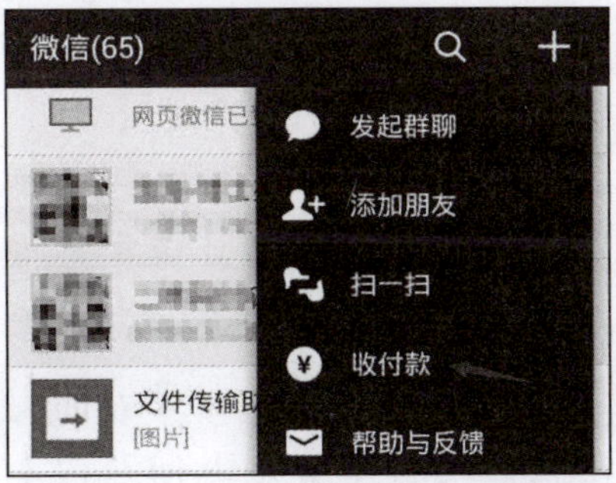

图 3-2-7　右上角“+”里包含了收付款

点开“收付款”，则打开了如图 3-2-8 所示的界面，含有“我要收款”和“向商户付款”。点击“我要收款”即进入含有收款二维码的收款界面。如果设置了手势密码，则点击“向商户付款”需输入手势密码后，进入含有付款二维码和付款条码的付款界面。在这一版（微信 6.3.8 版）的更新中，微信将原有的“面对面收钱”更改为“收款”，将原有的“刷卡”更改为“付款”，用词上更为简洁和准确。

图 3-2-8　收付款界面

3.2.5 扫码登录网页版微信

我们都知道微信是在手机端使用的，但其实微信也有网页版。手机虽然方便，但毕竟屏幕小，至少打字没有在计算机上方便。所以，也可以通过微信扫描微信网页版上的二维码完成微信网页端的登录，如图 3-2-9 所示。考虑到登录因素不同的问题，每次打开这个登录界面出现的二维码都是不一样的。在微信网页端使用微信聊天打字非常方便，但有些操作只能在手机端完成，比如，抢微信红包和看微信表情等。微信网页端无法保存聊天记录，微信手机端可以选择关闭网页端微信。

图 3-2-9 微信网页端二维码，扫描二维码登录微信

类似的功能在 QQ 和淘宝等网站上也有应用，比如，用手机淘宝扫描二维码登录 PC 端的淘宝，省去输入用户名和密码，非常方便。

目前，微信也推出了 Windows 版本的 PC 客户端。

3.3　微信和二维码结合营销玩法

先从微信营销讲起，微信营销是指借助微信平台开展的营销，其目的或过程中不一定需要关注公众号。公众号营销是微信营销中的一种，公众号营销指围绕公众号开展以公众号加粉或提升文章阅读量为主要目的的营销。虽然，微信营销不一定要求关注公众号，但很多微信营销方式需要借助微信公众号来开展，因为很多用户基本信息的调用要借助微信公众号展开，当然，这种基本信息的调用也可以通过授权方式开展。需要说明的是这种调用也只能得到昵称、头像一类的基本信息，微信不会把核心信息给第三方，因此，不用担心个人重要私密信息的泄露。

核心要明确的是开展微信营销的目的是什么？目的是公众号加粉？是想分享自己的营销信息？是想传播自己的品牌？是想回馈消费者？还是想直接产生销售？人们往往希望能同时达成几种目的，但单次活动应该聚焦在某一个目的上。针对不同的目的采用不同的方式。比如，目前公众号吸粉的主要方式除了抽奖还有投票。如果目的是回馈消费者，那要用返现的方式。如果是想要销售，则砍价这种玩法比较适合。如此，根据具体目的，采用不同的营销方式。

关于微信营销的玩法很多，但其实很多玩法也只是传统的营销方式，只是借助了微信这个新舞台展开。当然，即便是同样的玩法，有了微信这个人气高的舞台，也容易产生更好的效果。而且，以红包、企业付款为代表的一些微信新功能的加入，也让微信营销的效果大大增强了。

微信红包是微信于 2014 年 1 月 27 日推出的一款应用，在功能上可以实现收红包、发红包及查询红包的收发记录，微信红包收到的钱存入零钱包，零钱包内的金额可以提现（提现需要实名认证及绑定银行卡）。微信红包最早是从 2014 年马年春节推向市场的，而一推向市场便崭露锋芒，总共 800 万微信用户参与争抢 4000 万个红包。最高峰是除夕夜，瞬间峰值达每分钟有 2.5 万个红包被领取。而一年之后的 2015 羊年春节，微信红包的各项数据实现了爆发式的增长，微信红包收发总量迅速飙升至 32.7 亿次，除夕当日微信红包收发总量达 10.1 亿次。在大年初一凌晨，每分钟有 55 万个红包被发出及 165 万个红包被拆开。2015 年中秋节当日微信红包收发总量达到 22 亿个，已经远远超过 2015 年除夕的 10 亿个和七夕的 14 亿个。2016 年除夕当天微信红包收发总量为 80.8 亿个，超 2015 年的 8 倍，共有 4.2 亿人参与，平均每人收发 20 个。如图 3-3-1 所示，微信红包参与用户持续增长（数据均为 2015 年节日数据），这些数据在传达一个信息，微信红包很火爆，很受用户欢迎，用户参与度很高。

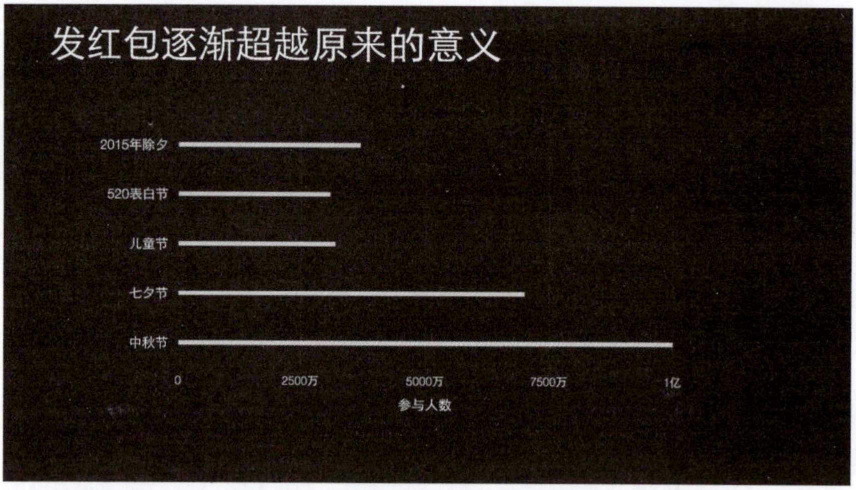

图 3-3-1　微信红包参与人数持续增长

除了节日发红包，红包应用也渐渐常态化成为生活的一部分，每天都会有人在群里发红包，更多的人在静静地等别人发红包，还有的人则主动向别人讨红包。有的人是开心有感而发红包，有的是为了发广告，或要求帮助投票、砍价之类的发红包。能抢到 1 元以上感觉就像抢到了一笔巨款。如果因为没看微信错过了红包，那感觉像错过了几个亿。

其实，不过就是几块钱，为什么很多人趋之若鹜呢？这里就暴露了人性的弱点——贪婪和懒惰。因为，抢红包只要花点时间，基本上可以不劳而获。其实，营销很多时候不就是利用人性的弱点吗？比如特价啊，打折啊，无非是让人感觉占了便宜。其实，人们也明白"羊毛出在羊身上"这个道理，可为何这些营销方式还会屡试不爽呢？这就好比爱情是人类永恒的主题一样，人性的弱点也是人性的一部分难以改变。营销的本质不变，营销要做的不过是让营销方式不断推陈出新，持续刺激消费者的痛点。

我们熟悉的抢红包是个人之间的发红包和抢红包，其实，微信也开放了企业向个人付款的功能，让企业开展微信营销更为便捷。微信中企业向个人付款有两种方式，一种是类似个人红包那种，需要收红包的人拆红包，还有一种是直接打到用户的"微信零钱"中，微信支付将做零钱入账消息通知，零钱收支明细里会有对应记录。前一种发红包的方式的好处是有一种拆红包及抢到红包的感觉，但受时间限制，每天 0 点到 8 点之间无法操作，后一种操作则直接打入零钱包，可以做到实时到账不受时间限制。

常用的营销方式比如打折、满减、赠品及返现等，他们都有一个共同的特点：不仅让用户觉得便宜，而且让用户觉得占了便宜。其中，有一类方式是在价格上做文章，让用户觉得比平常价格便宜了很多，即相比正常价格占到了便宜。还有一类是在回馈上做文章，让用户觉得多得到了东西。

传统的回馈基本上是以实物为主，有试用装或者品牌周边产品。但实物回馈还需考虑实物的采购、仓储、管理、发送（现场或快递）等，成本较高，另外，赠送的物品不一定是消费者需要的，且渠道或终端控制不力的话，容易导致赠品的流失。将实物换成现金的话，自然没有消费者不喜欢，但赠送现金的话一般不可能太多，直接回馈现金太少的话，又似乎拿不出手，在现金的管理上会更加麻烦且不安全。换成在线转账的方式，填银行账户的方式不仅麻烦，还不能即时到账。用支付宝账号的方式会好一些，但也麻烦，需要输入支付宝账号，还不一定能实时到账。

这么一对比就会发现微信企业付款的重要性，微信企业付款让企业向个人打小额款项有了方便快捷的途径。微信企业付款相对传统方式的额外成本还比较低，用户领取时也不需要输入领取账户因而非常方便，可以说微信企业付款是目前最便捷的回馈用户的营销工具，这让原来不可能或不方便的营销活动的开展有了可能。

对微信而言，抢红包及微信企业付款能增加用户黏性及活跃度，还能发展微信支付用户。而对于商家而言，抢红包是开展微信营销的重要手段。之所以花些篇幅介绍微信红包及企业付款，是因为企业付款及微信红包是微信营销中的重要手段之一，很多的营销方式中会结合应用到这个，在和二维码结合的营销方式中亦是如此。下面我们具体来讲一些微信里结合二维码的营销玩法。

3.3.1 分享抽奖，长按图片二维码

这一类玩法是这样的，每个参与活动的微信用户获得一次抽奖机会，然后每个用户可以发邀请链接邀请其他用户参与。如图 3-3-2 所示，其他用户点击邀请人的链接并参与活动，则邀请人再获得一次抽奖机会，邀请多则获得的抽奖机会多。同时，其他用户也获得了一次抽奖机会，并可邀请其好友参与，规则同前，如此一对多不断扩充，则参与用户越来越多。

图 3-3-2　邀请识别二维码关注玩法

这种玩法常被用于公众号吸粉，被邀请用户打开邀请用户发来的链接后，可以在页面上看到一个二维码，就是一个公众号二维码。用户按住图片点击“识别图中二维码”，即可进入微信号关注页面。如被邀请用户关注了该公众号，则邀请用户增加了一次抽奖机会。而抽奖的奖品多是现金，即我们之前刚刚重点介绍的微信企业付款，以微信红包或直接打款的方式发给用户。

在企业付款的早期，企业向个人打一分钱也是可以的。因此，在早期这类活动的奖品也就几分钱或几毛钱，以企业支付的形式直接打到微信用户的微信零钱里，而且是 100%有奖。假设你帮公众号带来了 10 个新关注用户，加你自己本来就获得的 1 次，一共获得 11 次抽奖机会，按每次差不多能抽 1 毛钱算，一共获得差不多就是 1 块多钱，这个获取成本低不低？你一定觉得太划算了。所以，在企业付款最低可打 1 分钱的时代，这一类利用二维码参与的公众号吸粉活动疯狂展开。该类活动疯狂到甚至惊动了微信官方，此后微信修改了规则，企业利用微信付款给个人金额最低要 1 块钱。原来最低可以是 1 分钱，现在最低要 1 块钱，营销成本扩大了近百倍，于是，这类活动受到了严重打击。当然，这类活动的思路还可以用，只是规则要做相应调整，即想办法减少单个粉丝的成本，比如不是 100%中奖，另外，要对邀请次数做限制，或控制参与时间及控制每天的发奖（提现）金额，或单次是几毛钱，然后满 1 块钱提现等方式。如果单次能 100%得到 1 块钱以上的红包，那就算金额相对较大且中奖率高的活动，这类活动甚至可以不用邀请也能传播出去。一个人在微信里收到 1 块钱以上红包就觉得是一个大包了，而在现实中，觉得实物一块钱可能没多少（也确实没多少），这就是人性。

其次，企业给个人打款的方式前面说过有两种，一般建议直接打款到用户零钱包，好处是不限时间基本上可以做到实时到账，另外，用户也不需要打开红包的操作。当然，如果你很在意用户打开红包的惊喜感，那也可以选用类似个人发红包那种拆红包的方式。另外，需要说明的是，微信企业付款给个人单笔至少 1 块钱只是一般规则，在微信自身开展的营销活动，如摇一摇得红包中红包支付金额（也算是企业向个人付款）则不受此限制。

另外，如果目的不是公众号吸粉，则也可以用这种玩法，只是规则要做相应调整，也可以不用二维码参与。

3.3.2 微信扫二维码连 Wi-Fi，笔记本也能上网

在地铁里，在饭局中……低头玩手机一族随处可见。玩游戏、看视频、手机购物、手机炒股、微信聊天……随着移动互联网的飞速发展，手机上网已成为大众主流的生活方式，而手机上网使用运营商数据流量的话，既要花钱，还要担心流量超标，有的地方速度还可能受影响。怎么样才能畅快地遨游移动互联网呢？有一个东西叫 Wi-Fi，能够让你手机上网上得尽兴。Wi-Fi 是一种可以将计算机、手持设备（如手机、Pad）等终端以无线方式互相连接的技术。Wi-Fi 是 Wireless Fidelity 的缩写，意思是无线保真，即通过高频无线电信号的方式保真网络信号。Wi-Fi 由 Wi-Fi 联盟所持有，是一个无线网络通信技术的品牌，用途是改善基于 IEEE 802.11 标准的无线网络产品之间的互通性。简单地说，就是能让你的手机通过 Wi-Fi 连上网，而且不用在意流

量的问题。在家里，可以通过 Wi-Fi 连接上宽带网络上网。在商场饭店等消费场所，很多商家为吸引消费者，开通了免费的无线 Wi-Fi 网络。而在城市的很多地方，可以通过“无线城市”的免费 Wi-Fi 网络连接上网。

对消费者而言，Wi-Fi 需求已经被列为马斯洛需求理论的最底层，甚至在某种程度上超越了生理需求。马斯洛需求层次理论由美国心理学家亚伯拉罕·马斯洛于 1943 年在《人类激励理论》一文中提出。马斯洛需求层次理论是行为科学的重要理论之一，该理论将人类需求从低到高像阶梯一样依次分为五种层次：生理需求、安全需求、社交需求、尊重需求和自我实现的需求。层次越低表明必要性越强，而层次越高收获的满足感越高。Wi-Fi 需求能列到最底层，可见该需求的必要程度极高。

既然 Wi-Fi 这么重要，那就可以通过 Wi-Fi 吸引消费者开展互动。一个最简单的玩法就是，让用户通过扫描商家的公众号二维码关注公众号，然后公众号里告知用户无线网的用户名密码。这种方式需要用户先能上网，获知无线网用户名密码后，再通过商家的无线网上网。好处是商家实施起来比较方便，且能顺带扫码关注公众号，坏处是用户使用起来较为复杂。

基于连接 Wi-Fi 的巨大市场需求及传统方式的不便，微信推出了可快速连接 Wi-Fi 热点的功能——微信连 Wi-Fi。商户启用后，消费者仅需通过微信“扫一扫”二维码等方式，即可快速连接商户提供的 Wi-Fi 免费上网。连接成功后，用户微信主界面顶部会出现“正在连接 Wi-Fi”的状态提示，用户可查看商户公众号、优惠活动及使用商户提供的在线功能和服务。对用户而言，通过微信“扫一扫”二维码等方式，省去了输入手机号、验证码、密码的麻烦，可以很快速地连接商户提供的 Wi-Fi，如图 3-3-3 所示为微信连 Wi-Fi 的一个界面截图。

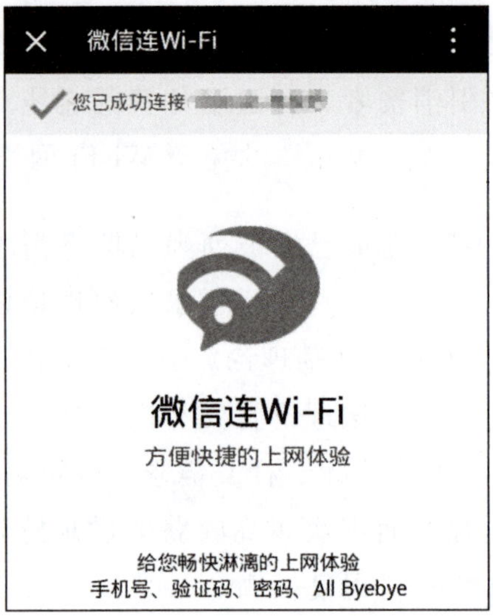

图 3-3-3　微信连 Wi-Fi 的手机界面截图

对商户来说，微信连 Wi-Fi 功能可以更有效地连接用户，可近距离精确了解用户的消费行为，推送精准的场景。此外，还能通过要求关注公众号的方式增加公众号粉丝。对于微信而言，微信连 Wi-Fi 是微信连接线下商户的方式之一。还可以通过将微信连 Wi-Fi 和摇一摇摇周边、微信公众号、微信支付等功能进行整合，丰富场景玩法，完善线下营销功能。

需要说明的是，考虑到使用上更为便捷，在实际使用中不一定要通过扫描二维码来连上 Wi-Fi，还有一种方式是用手机 WLAN 搜索到对应的 Wi-Fi 并经网页或微信的方式连接上无线网络，当然这种方式需要确认是哪个 Wi-Fi。此外，是否关注微信公众号也是可以设置的。

有的服务商还将微信连 Wi-Fi 玩出了新花样，把多家无线网络整合到一起，形成一个 Wi-Fi 联盟，然后将各家的广告向各家 Wi-Fi 端口轮播投放。举个简单的例子，比如你在 A 商户用微信连 Wi-Fi，可以看到 Wi-Fi 联盟内附近 B 商户的服务，你人在这里假设又需要 B 商户的服务，则你到 B 商户消费的可能性就比较大。就单个商户来说，加入该联盟可以将自己的广告免费投放到连上附近商户 Wi-Fi 的用户手机里，因而乐意开放自己的 Wi-Fi。就服务商而言，虽然不能从某家单店收费，且还要提供硬件，但可以通过投放联盟外部广告主广告的方式实现营收。

原来的微信连 Wi-Fi 仅适用于手机端，也即只能让手机通过微信连 Wi-Fi 上网。但在很多情况下，用户不仅手机有连 Wi-Fi 的需求，笔记本电脑或 Pad 也有连 Wi-Fi 的需求，而且需求可能比手机上网更为强烈。目前已有的联网方式，需要用户填写手机号码并获得短信验证码来连接上网，但这种方式也同时存在着手机号码泄露被骚扰，以及短信验证码收不到导致无法联网等诸多问题。为了解决这个问题，最新的微信连 Wi-Fi 可以通过多屏互动的方式，利用手机的联网，扫笔记本电脑上的二维码，完成笔记本电脑的验证。这个应用，有点儿类似之前讲的扫码登录网页版微信，利用一个屏幕上的已登录，通过二维码为桥梁，实现另一屏幕上的登录权限。

图 3-3-4　手机连 Wi-Fi 扫 PC 端上的二维码完成联网

如图 3-3-4 所示，为用手机的联网协助笔记本电脑联网的示意图。借助手机扫码实现 PC 端或 Pad 联网的步骤如下。

1．选择所要连接的网络并打开浏览器。

在 PC 端或 MAC 或 iPad 上选择所要连接的网络，并打开浏览器。浏览器网页上将呈现出联网二维码。

2．打开微信，扫描网页上的联网二维码。

打开手机微信，扫描网页上的联网二维码。没带手机也没关系，只要 Pad 上安装了微信客户端，也可以用相同的方式，借助 Pad 实现笔记本电脑连 Wi-Fi。

3．点击微信联网页面上的“确认”按钮。

点击微信联网页面上的“确认”按钮，就可以让笔记本或 Pad 连上 Wi-Fi。

3.3.3 二维码返现，结合裂变传播

这种方式和微信连 Wi-Fi 一样，适合在线下商家中开展。线下商家开展微信结合二维码营销的基本玩法可以这样，把商家的微信公众号二维码贴在商家门店的很多位置上，如招贴上、菜单上、海报上、餐桌上等。然后，消费者扫码关注商家公众号，可以进入抽奖界面参与抽奖，奖品可以是实物奖品、商家的商品或者是微信红包（微信企业付款）等形式。这种玩法的好处是通过奖品吸引用户关注公众号，但也有不足之处，不管消费者有没有消费，二维码是公开的可以随便扫，结果往往只发奖品不产生销售额。

商家公众号二维码只是一个码，而且是一个公开码。虽然每个门店的码可以不同，但一个门店的码也对应很多人且是公开的。相对的，那能否一笔交易或一个商品只对应一个二维码，只有在消费者消费商品或服务完成了才可以扫码领奖呢？答案是可以的，这就是“一物一码”的概念。举个简单的例子，消费者在某商家消费满 100 元后，可以获得一个价值 10 元的二维码。这个二维码只对应这一单笔消费，只有在消费后才有，而且每个二维码都不

一样。这种二维码领奖的方式多是百分百有奖的，虽然采用抽奖的方式，但是消费后才有，所以符合返现的特征，称之为二维码返现的营销方式。二维码返现的奖品可以是实物、电子券或是电子现金形式。比较方便的方式是以微信企业付款的方式实时打到消费者微信零钱账户。

仅完成返现功能还是不够的，我们之前做的一个二维码返现产品“硬钱返现”还引入了裂变传播的理念。即消费者领取返现金额的大部分，其余部分消费者通过好友之间、朋友圈及微信群的方式发给好友来抢，在好友抢红包的过程中，也将商家的促销信息、公众号这些信息传播出去。前面我们说过，一个好的营销方式要符合两部分功能，一个是好的营销模式，一个是好的传播方式，而这种二维码返现营销模式既是一种营销模式——返现，还具有传播功能——裂变，因而能够产生较好的营销效果。

而且这种传播还不是普通的传播，而是好友间的传播，是一个可信传播。比如，你的好友在某家店面消费了，还获得了红包，可信程度高，你很可能也会去尝试一下。如图 3-3-5 所示，为具体活动案例的界面。

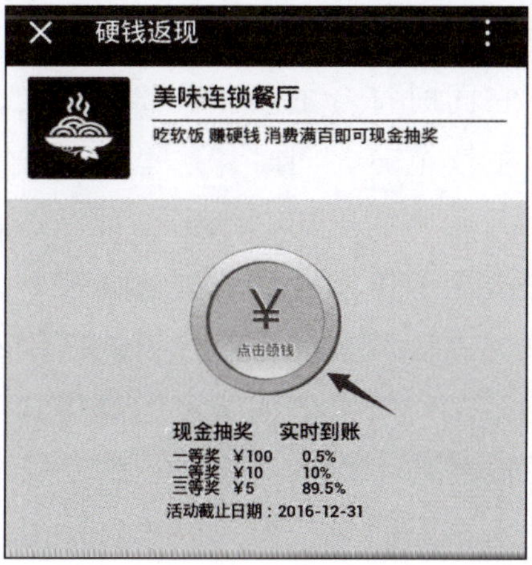

图 3-3-5　二维码返现活动案例界面

具体的奖品形式可以是实物类的，日常用品或企业周边产品，只是发送耗费人财物力。更多的奖品是电子类的，电子类的奖品可以是优惠券、代金券、提货券、观影券、话费流量、支付宝红包或者微信红包等。企业可以根据自己的资源情况、消费者特征选择对应的奖品形式，只是目前综合来看微信红包的方式较为方便。

此外，抽奖的条件可以是满多少返多少，也可以是消费即有，也可以设置时段。另外，奖项的设置也可以不是百分百有奖的，这个要根据产品金额来定。如果消费金额小可以不是百分百有奖，消费金额大最好就是百分百有奖，因为自然是百分百有奖最吸引用户参与。

上面说的是二维码营销是针对服务业的，单个二维码和单笔服务绑定的。其实，一物一码的概念最先是针对商品制造业提出的，单个二维码和单个实物商品相连接，所以才叫一物一码。市场上已经有很多商家采用这个营销模式了，比如，恒大冰泉的一瓶一码和王老吉的一罐一码，这个我们在后续的“一物一码，左手防伪右手抽奖”里详细介绍。

另外，如果套用主读和被读的概念，一物一码的二维码抽奖或返现形式是一种很特殊的存在，它同时符合主读和被读的定义。首先，这里是用户主动扫描二维码的，属于主读范畴。同时，这里的二维码和二维码凭证一样，一个一码，码码不同，因此，这里的二维码也可以被看作是一个凭证，是一个抽奖或返现的凭证，从这个角度看又属于被读范畴，只不过验证也是消费者自己完成的。之前说过主读和被读的商务模式区别在于，主读是个人用户扫码，被读是商户验证，一物一码的抽奖或返现模式属于个人用户验证。之所以说这些，其实是想说我们不用拘泥于之前的功能分类，敢于突破传统思维，创新应用模式，技术相对固定，但人的思路却可以变化万千。

3.3.4　扫红码得红包，APP 推广好办法

移动互联网时代，各类应用多以 APP 方式呈现，APP 的推广工作十分重要，同时用户手机空间有限，APP 的推广难度非常大。除了微博、微信、搜索引擎及户外广告等品牌宣传以外，常用的具体的 APP 推广方式也有很多。比如和手机厂商合作，在手机下线的时候就实现预装 APP。如本书之前提到的北京扫码地推一条街，通过线下扫码及给予适当小礼品吸引用户下载注册 APP。还有和各大应用平台合作，并通过首发、刷榜等方式提升在平台里的曝光率。目前，还有一些第三方的推广聚合平台，也可以和他们合作。用户通过这些第三方平台下载应用可以获得一些收入，而同时平台也获得一小部分收入，当然这些收入都来自 APP 商家的投入。

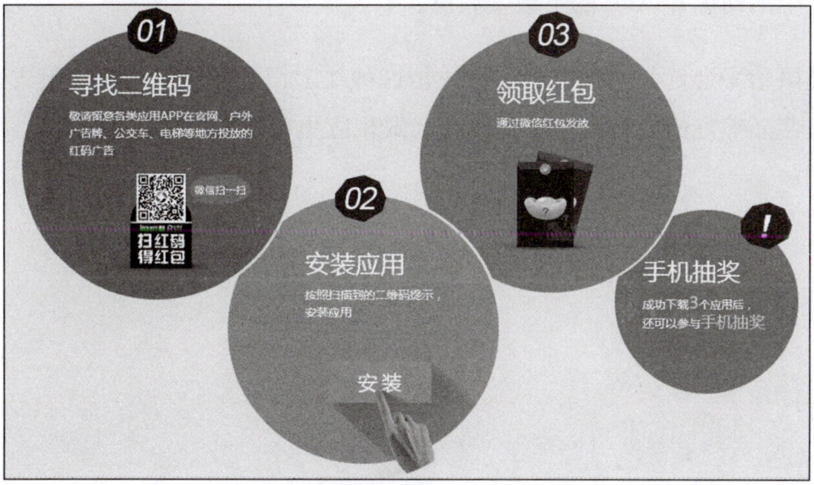

图 3-3-6　扫红码得红包扫码攻略

类似于线下扫码下载应用，腾讯基于微信及应用宝推出了扫红码得红包活动。线下扫码一般会发一些小礼品，扫红码得红包活动直接发微信红包。如图 3-3-6 所示，扫红码得红包活动的一般流程是，通过扫描各类应用 APP 发布在不同渠道的二维码（这里称为红码，也就是普通的红色 QR 码），并下

载安装可获得微信红包。需要说明的是，该活动目前仅限安卓手机用户且微信一定版本以上用户参与。应用是需要通过微信应用宝下载的，如果手机里没有安装应用宝，则会首先安装应用宝再参与。当然，活动还有很多细则，这里不做详细阐述。

需要说明的是，在微信里一般情况下是无法直接下载应用安装包的，需要再到浏览器里打开才能下载。当然，不能随便下载应用安装包对微信而言也是安全考虑，很多木马是附着在不法应用里进入用户手机的。前面说一般情况，微信对自己的应用例外，在微信里可以通过应用宝下载应用，同样的情况还有公众号文章视频仅支持腾讯视频。所以，这个活动对微信而言很有意义，可以通过这个活动推广其应用发布平台——应用宝，同时还能从各家应用的投入中获得分成。各家应用也可以通过参与这个活动提升 APP 的下载安装量。

除了微信平台，其他平台也可以效仿这种线上扫码有奖下载活动模式，只是参与规则、奖品等方面要结合自身平台情况做相应更改。

第 4 章

二维码和 O2O

4.1 二维码让物联网走进公众视野

实际上在 O2O 之前，二维码最早被装入概念的是物联网，当然，目前物联网概念还在，只是当前 O2O 更火一些，于是，二维码又被装入了 O2O 的概念范畴。物联网顾名思义是物物相连的意思，英文名为 IOC（Internet Of Things）。物联网首先也是基于传统互联网的，只是在互联网的基础上做了延伸和扩展。物联网不仅仅是传统互联网人和物的连接，还是人和人、物和物或人和物之间的互联，或者也可以把人和物体都看成物，最终形成无处不在的万物互联网络。物联网被称为继计算机、互联网之后世界信息产业发展的第三次浪潮，目前，物联网技术更多的应用在智能家居，车联网及智能城市等领域。

简单地说，物联网就是物体之间的互动，而这种互动需借助传感器、控制器及通信模块等工具展开。物联网一般具有两个特点，第一个特点是两个物体非直接接触，第二个特点是特定触发条件下的自动互动。从技术角度讲，二维码通过扫码把两端的事物相互连接，因此，二维码可以归入到物联网的范畴。二维码能实现的物物互联的功能相对其他传感器而言是很弱小的，因此，二维码并非物联网常用的技术手段，只是物联网的极小部分。因为二维码很常见，因而在物联网的早期成了物联网的一个代表。

2009 年，物联网概念火爆，物联网概念股一路飙涨。这一年及之后的几年，很多城市将物联网产业当做重点产业发展并圈地建设了物联网产业园区，很多大学设置了物联网工程专业。那几年笔者在负责二维码凭证宣传推广，第一财经《头脑风暴》栏目找到笔者，通过笔者邀请到我们集团公司领导新大陆集团总裁王晶女士作为嘉宾参与录制一期以物联网、云计算为主题的节目，嘉宾们对物联网及二维码发表了各自看法并进行讨论。使用微信或腾讯视频 APP 扫描图 4-1-1 中的二维码可以观看《头脑风暴》“物联网、新环保、云计算，后危机时间商机涌现”节目完整视频。

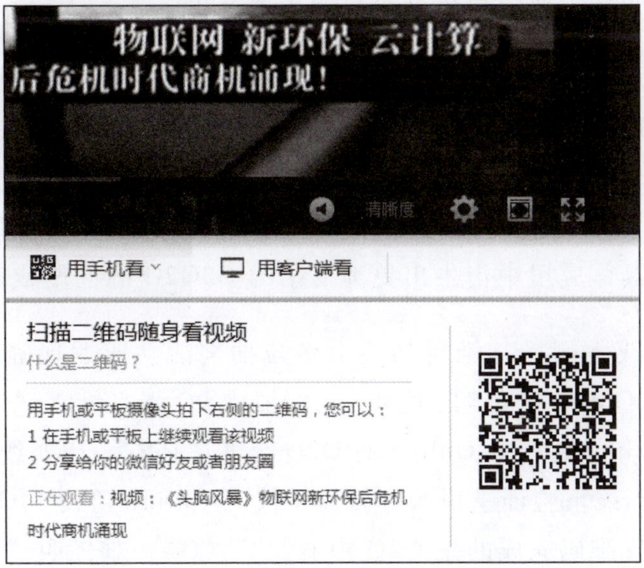

图 4-1-1　扫描图中二维码观看视频

图 4-1-1 是从视频 PC 端播放界面截图的，手机扫 PC 屏幕上的二维码在手机端观看视频也是二维码多屏互动的一个应用案例，方便同一内容在不同屏幕之间的切换观看。

4.2　二维码和 O2O 到底是什么关系

最近几年，一个叫“O2O”的新概念又火了，而且比物联网更火更为常见。从技术角度看二维码也能参与到 O2O 当中去。于是，二维码又顺应潮流的跟 O2O 牵扯到了一起。当然，二维码既能归属到物联网范畴，也能归属到

O2O 范畴，只是从不同角度看而已。一般而言，如果二维码用于生活消费服务领域，可以用上 O2O 概念，如果二维码用于商品标签领域，则可用上物联网相关概念，当然企业也可根据自己的需要使用。

首先什么是 O2O 呢？O 的意思是 Online 或 Offline，即线上或线下的意思。2 的英文是 two，和 to 谐音，to 表示“到”的意思。如果仅从字面上广泛的理解，则 O2O 可以衍生出线上 Online 到线下 Offline，线下 Offline 到线上 Online，线上 Online 到线上 Online，线下 Offline 到线下 Offline 的意思。当然，还能在具体应用中衍生出更为复杂的 O2O2O 的应用或营销模式。

比如，在线下扫描二维码到线上参与抽奖活动或返现等，就属于线下 Offline 到线上 Online 的范畴。比如，前面扫描 PC 端二维码到手机端看视频，就属于线上 Online 到线上 Online 的 O2O 范畴。还有，比如线上购物，收到二维码凭证，到线下验证享用服务就属于线上 Online 到线下 Offline 的范畴。在这里应用中二维码完成的是 O2O 中的“2”功能，难怪叫“2”维码。

当然，上面仅就字面意思理解的，之所以单独提出一个 O2O 概念，也是针对一个新行业提出的，传统的网上售货快递到家的电商模式基本上被几大巨头垄断，新进入者已难有机会，于是，大家都把目标聚集到了生活服务领域，O2O 也就产生了。O2O 主要有两个特征：一是 O2O 主要是针对生活服务领域提出的，有门店、服务工具或上门服务；二是指线上和线下的互动，可以是线上到线下，也可以是线下到线上，一般是希望通过线上营销带动线下销售，或者说线上线下联动完成营销推广到销售交易达成。当然，即便按照这个特征来看，二维码也是能在其中起到“2”功能的，比如，商家的二维码抽奖、二维码返现、二维码凭证等。之前说的两类二维码应用“主读”和“被读”，套用这个 O2O 概念，主读是从线下到线上的 O2O，反之被读就是从线上到线下的 O2O。

但要注意的是，二维码只是 O2O 的一个技术手段，即便没有二维码的参与，O2O 也可以开展起来。另外，在二维码能起作用的地方，也可以用其他技术手段代替，比如二维码凭证，实际代表的就是一串数字串，所以有的商家就用数字串来做验证，虽然验证麻烦一些，但商家实施起来快。

当然，这些也只是概念，也不必太过拘泥概念，不必一定要分清界限。但如果明明就是一个电商卖货快递到家，那么和 O2O 没什么关系呢？则也说什么 O2O 就没意思了。另外，如果单纯在线下做广告，线下完成交易，也不要说什么 O2O 了，否则 O2O 都存在几千年了。当然，由于 O2O 概念挺火，很多人不管什么行业，不管什么玩法，都要和 O2O 关联一下，从营销角度也算人之常情。就好比“互联网+”这个概念一样，不管你在什么行业，只要能和互联网沾上边的，都可以玩“互联网+某行业”了。

反之，有很多服务似乎也很难划清界面，比如饿了么、美团外卖、口碑这类餐饮外卖平台，从行业来看属于 O2O，但网上购物快递到家的方式也可以算到电商领域，具体而言是 B2C（商家到个人，具体是平台上的商家到个人消费者）。换句话说，外卖到底算 O2O 还是算 B2C？应该说既算 O2O 也算电商，只是从不同的评价角度看。我们理解一个概念的目的是了解区别，但也不用为了区别硬套概念。研究 O2O 这个概念的主要目的是线上和线下的融合一体化，以及如何利用线上营销促使线下服务的销售。

具体而言，O2O 涉及的行业有：餐饮（到店、外卖）、旅馆、KTV、票务（电影、演出、赛事等）、培训、洗车、商超、美容美发美甲、医疗、健身、运动、叫车、教育、家政、家装、婚丧嫁娶甚至旅游等生活服务行业，基本上囊括了除传统的实物电商之外的交易领域，与人们的日常生活息息相关，这也是大家争夺的重要原因。

作为频次最高的服务，O2O 最大的战场是餐饮行业，最开始在团购领域竞争，后来在外卖领域竞争。开始美容美甲、洗车等服务都要到店完成，后来也开始上门服务了。竞争越发激烈，玩法越加多样，2015 年正是 O2O 行业竞争最为激烈的一年，甚至可谓惨烈，竞争带来的大合并频频上演。2 月 14 日，打车软件行业里数一数二的滴滴和快的不堪愈演愈烈的补贴大战带来的沉重负担，选择在情人节这天合并可谓别具深意。4 月份，垂直信息服务平台里的两强 58 同城和赶集网也架不住高额推广费用选择合并，并经过 7 个月磨合于 11 月份正式完成合并。10 月 8 日，同为餐饮平台巨头的大众点评和美团宣布合并。也是在 10 月份，曾经在订票市场里厮杀的携程通过和百度换股的方式选择和去哪儿网联姻。通过股权交易，百度将拥有携程普通股可代表约 25%的携程总投票权，携程将拥有约 45%的去哪儿网总投票权。12 月份，说了一辈子媒的世纪佳缘和百合网也把自己的终身大事解决了。同样在 12 月，票务市场上，微影时代收购了格瓦拉。这一年，除了有太多的由相杀到相爱的剧情上演外，大资本也频频烧钱，竞争高压下的大逃亡和死亡也屡见不鲜。

包括 BAT 在内的几大线上巨头、各行业的线下巨头和新进入者都争相进入 O2O 领域厮杀，实则是一种生态系统的完善战略。互联网巨头往往线上资源丰富但线下不足，而线下巨头则是线上不足，他们都希望通过 O2O 战略将线上和线下打通，让消费者无论是在线上还是在线下都能成为巨头们的用户，线上线下联动完成销售，完善服务生态，巩固竞争壁垒。

虽说没有二维码的 O2O 照样玩，但二维码具有的互动性能和凭证功能，可以在 O2O 营销中发挥不错的辅助作用。其中，互动性能主要方便线下到线上的营销，凭证性能主要完成线上获取到线下验证核销的功能。

从 O2O 的角度看，假设我们通过扫二维码参与一个抽奖活动，获得的奖品是一个二维码凭证，那这个玩法可以叫 O2O2O（线下到线上再到线下）了。

在二维码参与的互动营销或应用里，扫码互动的玩法在“第 2 章码上互动，横扫千军万‘码’”里做了详细介绍，二维码返现的玩法在“第 3 章二维码和微信营销，二维码的重要推手和大玩家”里的 3.3.3 节里有介绍，扫码打赏服务员的玩法在“6.1.1 扫码评价打赏服务员，七星服务发动机”里有详细介绍。二维码凭证将在 4.3 节中进行具体介绍，其他的玩法也会穿插在其他章节里介绍。

4.3 二维码凭证类应用

2015 年 12 月 18 日，电影《万万没想到》和《寻龙诀》同一天上映，上映首日均取得不错票房。小伙伴们要去看电影，以往都是直接到影院购票，但现在几乎都是预先在网上把票订好，想看什么电影，哪家影院，什么时间，都预先订好心里有底。那订票的人在网上订好票，是不是服务商把订好的电影票快递给订票的人呢？这种方式也能完成需求，只是这样的话相对慢而且还要付出快递成本。而事实上服务商会发一条短信或彩信给订票的人，另外，影院那边会有服务商的出票机器用于验证核销。订票的人到达影院后，来到服务商的出票机器处，通过扫描二维码或输入二维码对应的字符串，完成验证后获得实体票。

上面说的这个就是二维码凭证，和传统方式一对比是不是发觉二维码凭证还挺方便的。在这里，二维码除了起到一个验证作用，实际上还部分代替了物流的功能，虽然，消费者也会为此付出一定成本，但比直接快递方式还是低很多。当然，二维码的主要功能还是权利确认，我在网上买了服务，到商家服务的时候，怎么证明我买了服务，或者说我具有享受服务的权力呢？直接拿出二维码验证就好了，而且验证后打印出来的小票上也会有详细的服务明细，服务员看了一目了然。随着现在线下消费网上预购的流行，二维码的应用空间越来越广泛。除了电影票，演出门票、赛事门票、展览门票、景点门票、会议入场券、VIP 卡都可以二维码化。餐饮烘焙、美容美发、洗车等行业的商品提货、服务享用或优惠折扣也可以用二维码凭证来完成，称之为二维码提货券或二维码优惠券。概括起来说，需要身份验证或服务鉴权的，都可以用二维码来代替。而线上售卖到线下享用的，往往是在服务领域，因此，二维码和 O2O 又能联系在一起。笔者曾经在一线亲历了非常多次的二维码凭证的现场应用，如图 4-3-1 所示，2007 年在苏州盘门景区参与了二维码景点门票的验证工作时留影，当时还在《人民邮电报》发表了以相关活动的评论报道“手机二维码引发票务革命”。笔者右手所扶设备为二维码验证设备，含二维码扫码、打印小票及统计核销等功能。二维码验证设备也有多种款式，功能也有所不同，这种是常用的款式之一。

图 4-3-1　2007 年在苏州盘门景区参与二维码景点门票验证工作时留影

除了作为线上购物线下使用这一应用场景的凭证，二维码更多的时候是和营销活动相结合，多以提货券的形式作为商家的营销活动奖品。在传统的方式下，如果商家开展的活动需要发实体奖品，则需要负责商品的采购、运输、仓储及发放等工作，耗费一定的人财物力。而使用二维码提货券作为奖品，商家只需发放二维码凭证给消费者，消费者到奖品对应的商超领取奖品。

当然，这种方式对商家来说很方便，奖品的发放可以直接交给商超等专业服务商完成，只是消费者还需要再到商家去领取，当然，如果领取网点足够多还好。在营销活动中，采用二维码凭证作为奖品还是会受到商家的欢迎，比如，某地运营商曾经开展了一个充话费送食用油的活动，满足条件的用户凭收到的二维码短/彩信到商超兑换食用油，数据显示有 20 多万人参与活动，而该地区总人口才 60 多万人，参与率非常高。结果，商超那边排起了长队，还带动了商超其他产品的销售。上面说的是奖品不是商家主营业务，商家通过二维码凭证的形式将奖品的发送转包给专业服务商的情况，另外，对于更多的到店消费的服务，商家则希望通过二维码凭证方式提高到店人数。商家通过一些线上营销活动发送给用户价值不是很高的商品，比如，你参加了快餐店的一个线上抽奖活动，奖品是免费送一个汉堡，以二维码凭证的方式发送。你到了那边领取汉堡，但往往一个汉堡不够吃，你还会点其他食品，于是到店人数和消费额相应都获得了提升。

用二维码还有一个好处，就是转让方便，比如一个球赛，你突然不想看了或者恰好有其他安排看不了了，就可将二维码送给朋友或者卖给想看的人。可以把二维码通过短信，或通过微信等网络方式发给对方，而实体票的交接无论是快递还是人工交接都没有二维码方式这般方便快捷。

在智能手机和移动互联网没有大规模发展起来以前，二维码凭证多是以短/彩信的方式发送到用户手机里上。随着手机 APP 的流行，现在很多已经通过 APP 加载到用户手机里，比如，通过微信、淘宝、微博等方式发送到个人账户里，或者是通过具体的服务 APP 如订票类 APP 发送。同样是在移动互联网兴起之前，很多获取二维码凭证的营销活动还是通过发短信到某端口以短信方式参与的。发送 xxx 到 xxxx，是不是有一种回到 SP（Service Provider，指运营商网内运营增值业务的服务商）服务盛行时的感觉。

采用二维码模式商家需要承担二维码的发码、验证设备及验证的费用，需要付出一定的成本。实际上，二维码就是一串字符串，如果用字符串，则也是可以完成验证核销，只是字符串的输入有些麻烦，但开发成本相对低一些，这里就需要在方便性和成本之间做一个权衡。当然，二维码验证后往往也会同时带着有字符串的形式，商家服务人员在无法读取二维码的时候，也可以输入字符串进行验证。

除了字符串外还有一些其他的验证方式，比如，麦当劳在最新的新品赠送活动中，采用的是在支付宝 APP 内现场确认的方式完成核销，该方式中没有采用二维码参与。获得赠品的消费者到麦当劳门店后，打开支付宝卡券包可看到该赠品的卡券，点开该卡券，看到如图 4-3-2 左侧所示界面，点击"我要兑换"，进入如图 4-3-2 右侧界面，点击"确认"完成兑换。该方式的好处是借助用户手机完成验证，不用借助验证设备完成。

图 4-3-2 支付宝卡券内麦当劳赠品兑换界面及确认界面

在实际应用中验证方式的使用要看具体情况，具体问题具体对待，二维码验证方式好就用二维码验证，其他验证方式更方便，就用其他验证方式，不一定要拘泥于某一种验证方式。

在理想状态下，我们凭收到的二维码，经验证后，可直接享用服务，但往往在很多情况下还需要用二维码换取实体门票或小票，再凭此票完成验证，比如，前面讲过的看电影，需要使用二维码到验票上换取实体电影票，再凭实体电影票进入影院观影。经二维码验证后直接享受服务的情况在一些景区存在，有类似于地铁闸机的设备，使用二维码或其他方式验证后可直接进入景区参观，当然，这种方式在二维码凭证的应用中还是极少数的，大部分的二维码验证还有一个换票的过程。为什么不直接享用还要多一步验证呢？一来是不希望对原有商业流程做大的改变，因为有的商业流程需要用实体票的方式完成核销等。二来是二维码打印出来的小票上有具体内容，方便商家根据小票的内容提供对应的服务。还有一个更重要的原因，因为二维码验证虽然方便，但还是需要时间的，对于人数较多的验证，采用二维码验票的方式相对于 RFID（Radio Frequency Identification，射频识别技术）、NFC（Near Field Communication，近场通信技术）等方式要慢很多，使用二维码需要较长的排队等候时间，因而人流集中（单位时间人数较多）的验证就不适合用二维码凭证的方式来做直接验证了，比如，2010 年上海世博会的门票采用的就是 RFID 技术，我们通常使用的公交卡用的是 IC 技术。关于 RFID、NFC 等技术的介绍及其和二维码的对比将在“9.2.4 RFID/NFC：和二维码孰优孰劣”中做详细介绍。不验证二维码直接入场（或享受服务）还有一个原因，就是用户使用习惯的问题。有一个车站也开通了直接验码乘车的服务，不过，笔者观察了一段时间，发现几乎所有人还是用实体车票乘车。而这些实体票相当一部分是通过现场设备换票完成的，即大家已经习惯了网上购票现场换票的流程，但还没有习惯网上购票直接验码的流程，可能还是觉得手里有实体车票乘车更为放心，或者有用实体票去报销的需求。原来大家习惯预先去车站售票窗口买好票，现在也慢慢习惯了网上购票现场售票，说明习惯是可以培养的，只是需要时间，所以将来大家也会慢慢习惯直接验码享用服务的。

此外，换实体票和打印小票还有一些区别。比如，有的实体票可作为报销凭证，而打印小票一般不能作为报销凭证；比如，有的在打印小票的同时就可享用服务，在同一个窗口解决，而换实体票可能和享用服务不在一个窗口……这个要根据具体流程进行区别。

需要说明的是，二维码凭证一旦生成，二维码本身已经固定，因此，需要注意保护该二维码不要泄露。

4.3.1　二维码会议签到

前面我们讲了多种二维码凭证应用及二维码凭证应用的优势，除了常用的二维码提货券外，我们再讲一种常用的二维码凭证应用——二维码会议签到。

一般会议有几个特点，特点一是参会者往往来自不同单位，不同地区，即他们原来不在一块儿，现在要到一个地方开会。特点二是会议接待方和参会者，以及参会者之间往往并不认识，但出于某个目的到某个共同的场所开会。特点三是很多会议会提前确认参会者，不像电影票现场买也行，当然，也有现场买票的情况，但这种往往是展览。此外，会场往往有电子设备及奖品等较为贵重的物品，面对陌生人群，主办方保护物品安全也是重要工作。基于这几点，参会者的身份识别工作就比较重要。如果验证过程过于复杂，则会让参会者感到体验差，且主办方成本会高，但反之如果验证过程简单，那往往可能会让无关人员有可乘之机，比如，进入会场偷窃或获得奖品，造成主办方财物损失，增加了会场的不安全因素等。

会议签到通常的方式是制作并寄送纸质邀请函，但这种方式的缺点是需要核对参会者的地址，并需要付出快递成本，快递寄送也需要一定的时间。相比较而言，二维码会议签到只需给参与者发送一条包含二维码的彩信或对应的短信，就完成了会议凭证的寄送，相比较方便快捷很多。到会场验证时，在传统方式下，参会者即使持有入场凭证，主办方也需要人工核对参会者是否在参会名单里并做标记，而用二维码验证方式，可直接设备验证完成参会确认，且还可以在大屏幕上呈现“欢迎某贵宾光临某会议”字样，参会者感受到尊崇待遇体验很好。就会后会议统计而言，传统方式需要人工统计参与情况，而二维码会议签到方式由系统统计出参会情况，相比省时省力效率高。因为二维码会议签到的方便，甚至有的地方人大会议都采用二维码会议签到的方式。如图 4-3-3 所示，天河区七届人大三次会议采用二维码签到。

图 4-3-3　天河区人大会议采用二维码会议签到

4.3.2 二维码登机牌

登机牌是机场为乘坐航班的乘客提供的登机凭证，也称之为登机证或登机卡，英文翻译为 boarding pass 或 boarding card。在传统方式下，乘客需要到机场排队换登机牌耗费很多时间。现在通过网上、短信值机等方式，乘客可以自行打印登机牌。网上值机的方式有很多，比如，通过 PC 端官网、手机 APP 及微信官方公众号等方式。乘客在网上值机后，也可以通过二维码登机牌的形式完成登机，该方式下系统将会发送一个二维码信息到乘客的手机上，这个二维码就包含了乘客的登机相关信息。乘客到机场后凭二维码信息换取登机牌再登机，有的机场也可以直接凭二维码信息经验证后登机，一般同时会验证身份证件。二维码登机牌的形式让乘客提前进行了值机操作，省去了到机场再办理登机牌排队的时间，为乘客出行赢得了宝贵时间。需要说明的是如果需要办理行李托运的话，那么一般还需要额外办理。

厦门航空在泉州晋江国际机场开通了手机二维码登机服务，其他航空公司也将陆续开通。如图 4-3-4 所示为手机二维码通道。

图 4-3-4 刷手机二维码登机有专用通道，可节省排队办理登机牌的时间（图片来源于网络）

国内最早开通二维码登机牌的是南航，南航早在 2007 年就开通了“手机电子登机牌”服务。据南航官网信息，目前所有北京、沈阳、武汉、广州始发的国内直达航班（广州—拉萨、广州—乌鲁木齐航班及婴儿、儿童、病残等需要特殊照料的旅客除外）已开通手机电子登机牌服务，其中广州、武汉始发航班的旅客用手机二维码登机牌可直接过安检、登机口；北京、沈阳始发航班的旅客需持手机电子登机牌到机场柜台打印纸质登机牌，方可通过安检。如图 4-3-5 所示，南航二维码登机牌样例。

图 4-3-5　南航二维码登机牌样例（图片来源于网络）

4.3.3　卡券包，从 passbook 到微信优惠券、支付宝卡券

当我们收到的诸如电子会员卡、提货券、优惠券和电影票等各类凭证信息越来越多的时候，我们就会碰到管理这些凭证的问题。如果这些凭证分散在不同地方，那么我们要取用的时候就比较麻烦，有没有可能把它们放到一个应用里，我们要用的时候只需打开这个应用就可以用了呢？其实，很多人

发现了上述问题，也尝试着做出一些对应的产品。走在潮流前端的苹果公司也打造了一款满足这类应用的产品——passbook，苹果在2012 WWDC大会上发布了这款卡券集合类应用软件。

passbook可以存放和管理会员卡、电影票、积分卡、礼品卡和登机牌等电子卡券票证信息，这些卡券的内容可以跟互联网连接随时自动更新。passbook还是一款基于地理位置的应用软件，当你到达passbook中所存卡券对应的商家附近时，passbook会基于地理信息系统自动提醒你有该商家未使用的卡券。苹果在2015年全球开发者大会上宣布其iOS系统自带应用passbook正式更名为Wallet，且内容变得更为丰富，除了之前的优惠券、积分卡及登机牌等电子凭证外，还将整合Apple Pay功能，将用户的信用卡、借记卡等支付工具都可以存放在此应用上。中国大陆地区的Apple Pay功能已于2016年2月18日正式上线，当然，苹果的Apple Pay是基于苹果设备自带的NFC功能，和微信及支付宝的扫码支付不一样，从支付角度存在竞争关系。

随着微信和支付宝在O2O服务领域的布局，他们都推出了自己的卡券系统。最新版的微信卡券已经把各类卡券集成到微信优惠券里了。此外，这些卡券不仅针对线下商家，也针对线上应用。这些卡券根据具体商业模式有不同的验证核销方式，有的用二维码方式，有的使用数字串或条形码方式，有的使用其他方式，如之前介绍的支付宝卡券里麦当劳餐券的验证方式。一种简易验证方式也可以这样：消费者打开优惠券点击使用，商家那边后台会收到该优惠券的使用申请，商家那边确认即可完成优惠券的使用。

微信里还有一种叫“朋友的券”的新玩法，一个人使用过后，优惠券可以复制给他的朋友继续使用。“朋友的券”可以通过微信摇一摇、微信连Wi-Fi及扫店铺二维码等方式获取。当你在线下商家用微信扫描商家提供的二维码，选择与“朋友们共享”就能即刻领取“朋友的券”。“朋友的券”被用户领取后，将自动归集到领取者及其朋友的优惠券中，用户及朋友均能看到并可使用。当这张优惠券被用户或者好友核销之后，商家可以立即再次赠送“朋友的券”供领取人共享，将优惠持续下去，吸引消费者再次消费。简单地说，朋友券就是可以朋友间复制分享某一优惠，通过好友间传播让更多好友到店消费。如图 4-3-6 所示，为朋友分享的优惠券示例。

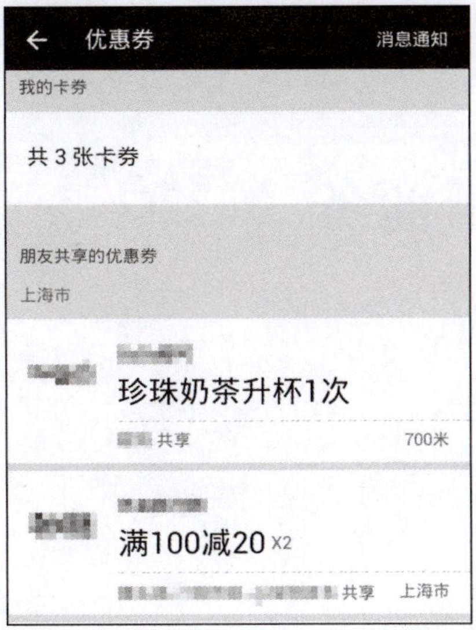

图 4-3-6　朋友共享的优惠券示例

存放这些电子卡券不是问题的关键，关键是要有整合这些商家卡券的能力。很多商家都会发行自己的卡券，而要把这些卡证整合到一起，则需要有足够用户影响力的公司才可以做到，这些公司比如有苹果、微信和支付宝等。

第 5 章
二维码和电子商务

在介绍二维码和电子商务之前，先简要介绍一下电子商务，谈谈笔者对电商的看法。毕竟在第一次离开翼码之后，公司老板返聘第二次回去之前，也就在2011年到2012年之间，笔者还去实打实地做了一年多的电子商务，而那几年，恰恰是电子商务发展最为火爆的几年。从销售者是个人还是商家，电子商务分为B2C和C2C。C2C即Customer to Customer，代表个人到个人，典型代表是淘宝和拍拍(现在拍拍平台已关闭)。B2C即Business to Customer，代表商家到个人，典型代表是京东、天猫、苏宁易购、当当、凡客诚品、一号店、亚马逊、唯品会等，几乎大部分的电商都属于B2C。B2C里面还分为自营型和平台型。所谓自营型，就是平台也是销售商家，所谓平台型，就是指网站吸引第三方卖家入驻该平台销售商品。另外，从品类角度讲，电子商务网站还被分为垂直类和综合性的网站，垂直类就是针对某一垂直品类领域的，综合性就是几乎什么都卖的。当然，现在纯粹的自营性B2C已经很少了，往往都是做平台的商家也同时在自营。而笔者做电子商务的那几年，恰恰是垂直类自营B2C疯狂发展的年代，每一个细分行业能叫得上名号的就有几十家，可谓群雄逐鹿、百花争鸣。比如，笔者当时所在的久尚网就是一个典型的自营性质的网站，且只做日系女装单一品类，属于垂直类型的电商。久尚网是时尚杂志《米娜》旗下的商城，现在蛮有名气的时尚组合SNH48就是久尚集团打造的。

关于电商的发展有过很多思考和争论，比如是自建商城好还是入驻平台好，是只做垂直领域好还是多品类好？是否要自建物流？ 随着电子商务红利时代的结束，电子商务逐渐进入了寡头时代，这些问题也渐渐有了答案，品牌入驻平台已成为不二选择。关于品类，卖家最好是单品类显得专业，但平台一定要多品类才能丰富。平台自建物流固然好，但不是哪家都能建得起的，而且随着第三方物流的发展完善，自建物流对第三方物流的优势在减弱。

2013年到2014年，电商行业进入了寒冬，死亡案例比比皆是。从宏观上讲，资本仍是最重要的因素，那些已经死了的几乎都是烧不起钱的，能活下来的也多继续亏本继续融资，盈利者少。这似乎也是每一个行业通常的发展规律，开始的时候是蓝海，大家都进来厮杀慢慢变成红海，最终大浪淘沙活下来的少，传统行业如此，互联网等新兴行业亦如此。互联网行业的寡头效应比传统行业表现得还要明显，传统行业还能利用某些优势如地域优势发展，比如，某家小饭店可利用其所在店面人流优势活得不错，全国这样的情况很多，但互联网在网站面向全球用户，只能数一数二才能活得不错。虽然，电商如其他行业一样，行业所在公司有生有死，但电商的整体规模在逐年扩大，行业的发展毋庸置疑。随着电商市场规模的逐年扩大和电商网站的相对减少，当销售额达到一定量级的时候，存活下来的电商公司的大规模盈利可期。

除了宏观趋势以外，移动互联网发展和消费者习惯也对电商的发展产生影响。以前在 PC 端购买的时候，电商网站再多也没关系。但到了移动互联网阶段，手机用户尤其是安卓用户不希望在手机上安装太多 APP（安卓手机的特性也不允许安装太多 APP。此外，不论是苹果或安卓，手机内存空间的大小也会决定安装 APP 的多少)，这在一定程度上加剧了电商的寡头化。

从微观上讲，电商的具体推广方式是，针对网站平台的除了各类铺天盖地的户外广告、网络硬广外，网络推广方式还有如 SEO/SEM、CPS、DSP 和网站联盟等，这些笔者当时做电商的时候均有涉及。针对商家最好能多入驻平台，需要多参加平台的一些推广活动，比如，淘宝平台的直通车和钻展等。与其花大价钱打品牌广告，不如直接搞一些特价爆款，或直接发一些无限制的红包，把利润直接让给消费者，让消费者直接体验起来。消费者购物行为是从知道、了解、体验、购买的多阶段演进，新品牌可以考虑配套打一些品牌广告，已经知名的品牌应该更多的考虑让消费者低成本体验起来培养出消费习惯。

从宏观上讲，电商的思路是，生态系统的完善。除了物流的完善，支付的完善也很重要，经常碰到一些网站因为支付麻烦而放弃购物。比如，有一家支付后来者开展的新用户支付一分钱送 100MB 流量的推广方式效果就不错，很有吸引力吸引了大量的新支付用户。1 分钱送 100MB 流量的成本还是较高的，肯下血本说明这家公司能看到支付环节的重要性还是很有眼光的。而且这种推广方式能带来直接的新用户，虽然可能有的人仅仅为了流量而开户，但后续如果遇到交易需要该支付工具的话，则能够快速用起来。这一支付用户数的高增长确实为这家公司涉入餐饮外卖领域起到了重要的推动作用。当然，线上支付和货到付款各有优劣，货到付款适合不会用网上支付或看到货物觉得放心的购物者。只是货到付款方式在收货时，还需要本人对接，因而还是有很多人选择预先网上支付。

电子商务的核心优势就是减少中间环节，减少中间环节的逐级利润加价，让商品尽快到达消费者手中。所以，我们应该感谢电子商务，真真切切地减轻了我们的生活成本，改善了我们的生活质量。这一点就和前面介绍的用户获益传播一样，电子商务是把交易中间费用还给消费者，而用户获益传播是把营销的费用直接给消费者，而这些费用本来就都需要消费者来承担。

在电商的发展历程中，二维码也相伴其间，发挥着一定的作用。其中，作为电商行业龙头的阿里巴巴系，也是对二维码利用最好的公司之一。阿里除了引入二维码凭证，发布满天星计划进行商品防伪溯源外，也让二维码巧妙地用在以双十一为代表的各类营销活动中，取得不错的营销效果。

从特易购 TESCO 在韩国地铁发布二维码购物以后，到国内一号店等电商也进行了类似尝试。从扫码购物为主打的嘿店转型为生鲜超市，扫码购物是未来购物的方向吗？这些将为你逐一解读。

5.1 阿里巴巴对二维码的应用

很多人都知道微信的扫一扫让二维码风靡，其实，除了微信，阿里巴巴系对二维码的应用也非常多，有二维码凭证、二维码防伪，还有基于二维码的互动营销。

阿里巴巴旗下的淘宝、天猫及支付宝等应用对二维码的使用也非常多。和微信一样，淘宝 APP 也支持扫一扫，读取相册照片二维码等功能。淘宝还开发了“拍立淘”功能，通过拍商品照片进而搜索相关商品。很多淘宝包裹上会有淘宝网店或商品的二维码，消费者可通过拍该二维码进入网店或商品页进而购买商品。PC 端淘宝商品页上均有二维码方便用户通过手机端下单，手机端常常有价格上的优惠，这也促进了用户使用手机淘宝的黏性，从宏观上讲对手机端购物比例的提升也起到了很大的促进作用。支付宝可通过扫描条形码（或二维码）完成水电煤等服务的付款。和微信支付一样，支付宝也支持二维码或条形码方式完成付款或收款。

5.1.1 商品电子化，电子凭证应用

前面我们说过，很多二维码凭证都是伴随营销活动展开的，即二维码凭证作为营销活动奖品方便商家发送和消费者使用。但实际上二维码凭证作为一个凭证，应该不仅仅是扮演一个短期营销奖品的角色。随着电子商务和 O2O 的发展，二维码凭证也在扮演交易行为后提货凭证的角色，而这种交易行为是长期持续开展的。

作为电子商务的龙头，阿里巴巴是较早引入二维码凭证作为提货凭证的电商平台。目前阿里旗下的淘宝、天猫及阿里旅行使用二维码凭证参与交易

核销的主要有两大类业务，一类是餐饮等服务业的提货凭证，展示在淘宝及天猫页面中，一类是旅游景区电子门票，展示在阿里旅行页面中。二维码凭证适合这类网上购买需要到店（或景区）享受服务的应用场景。如图 5-1-1 所示，知名冰淇淋品牌哈根达斯采用电子兑换券的提货方式，即二维码凭证的提货方式。除了阿里系以外，也有部分团购网站采用了二维码凭证提货方式。

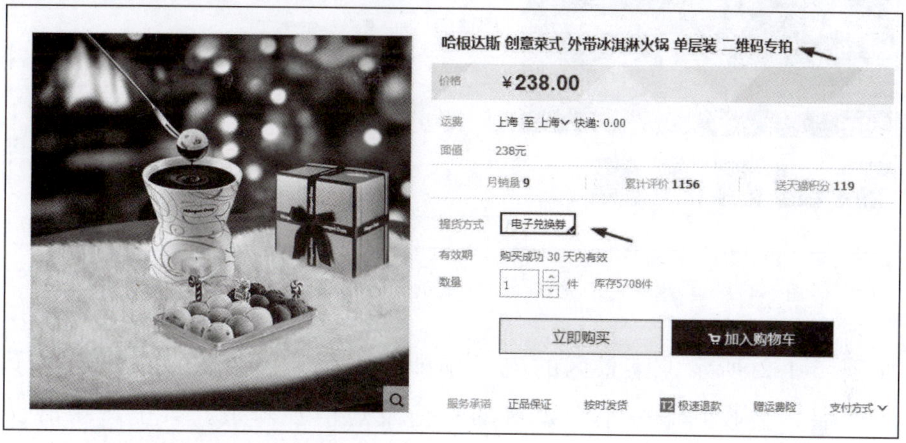

图 5-1-1　二维码电子凭证提取方式的冰淇淋商品（图片来源于网络）

淘宝在卖家后台开发了对应的发码及核销服务平台，有多家发码服务商供卖家选择，也有对应的参数配置后台，方便设置二维码凭证的商品或服务内容及使用权限等信息。二维码凭证主要涉及发码和验证环节。在验证环节需要专用的验证设备，这一设备卖家（或商家）可以自行采购或从发码服务商处购买或租用，有的发码服务商也提供免费使用设备。当然，智能手机也可替代验证设备，只是一般智能手机没有专用设备功能强大。在发码环节，发码服务商会通过卖家向消费者收取一定金额的发码服务费，这也是发码服务商的主要收入来源，这样将收费和交易捆绑的形式，也能够将卖家和发码服务商绑成利益共同体，共进退也能使双方形成紧密合作。从某种程度上讲，这也可以看成是一种 CPS 的效果营销模式，即每产生一笔交易，发码服务商也能从中收取一定费用。

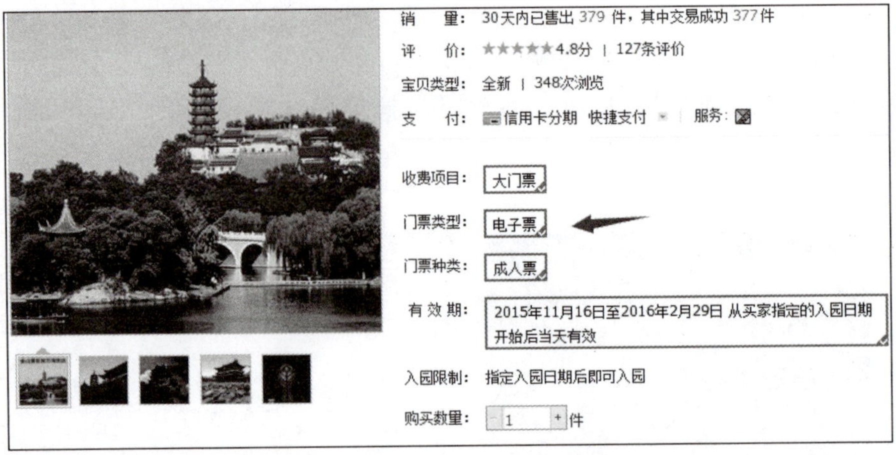

图 5-1-2　二维码电子凭证提取方式的景区门票（图片来源于网络）

如图 5-1-2 所示，某景区的电子票即二维码凭证方式。买家购买了二维码电子票后，会收到服务平台发送的彩信及短信各一条。其中，短信仅含有字符串及服务说明，而彩信同时不仅含有字符串和服务说明，还含有字符串对应的二维码。一般验证设备同时支持二维码和字符串验证，当然，二维码方式省去了输入字符串的麻烦，但假设因为种种原因造成二维码验证不了的情况下，可以通过字符串来验证，保证验证的成功率。在一般情况下，如果买家退货，那么这个发码服务费也是要收取不退回的，毕竟已经发出了二维码。当然，需要说明的是，具体服务的收费标准不一，以具体商品页面说明为准。买家到达景区后，可凭二维码换门票或凭二维码直接验证入门参观，有的也需要提前预约参观时间等。在二维码验证时，整个交易的核销也会同时完成。

5.1.2　“码上淘”让购物场景条码化

2014 年 6 月 10 日，阿里巴巴集团发布“码上淘”开放战略，推出作为阿里“云+端”无线战略中重要一环的“码上淘”平台，并公布了第一期五大应用：“商品码”、“服务码”、“码上店”、“互动码”、“媒体码”。之后，阿里又发布了“医疗码”等。当然，随着市场及客户需求的变化，阿里的码上淘具体业务模式也在做相应调整。

阿里“码上淘”初期包括五种码：一是“商品码”，商品码顾名思义就是商品对应的码，用户扫码后可直接连上淘宝和天猫上的亿级商品数据库，看到商品价格、商品详情及用户评价等，便可当即下单网购；二是“服务码”，针对各类服务的码，如包裹服务码就是在快递包裹上印上二维码，可以让下单消费者扫码享受订单快速确认收货，享受店铺设置的智能化好评有礼，快速呼出店铺售后客服，领取店铺优惠券，评价物流快递员等；三是“码上店”，即依托餐饮预订平台让餐厅饭馆等 O2O 服务商家的老板来触网，用户通过一张二维码能完成订餐等功能；四是“互动码”，即互动活动对应的码，让传统方式的“开罐有礼”变成“扫码有礼”；五是“媒体码”，即品牌投放在纸质媒体上的码。阿里巴巴与多家主流媒体报业合作并向商家开放。商家可通过码上淘二维码参与媒体资源投放宣传品牌和商品，利用报纸媒体的权威和公信力拓展线下品牌影响力。消费者可扫报纸上的媒体码到品牌线上购物。如图 5-1-3 所示，阿里投放在某报纸上的媒体码图样。

图 5-1-3 阿里媒体码示意图

阿里已建立起庞大的条码库，拥有亿级的条码量和与之对应的商品量。商家在生产自主品牌商品时，已给商品附上了条码，码上淘给商家开放了上传条码的通道。阿里鼓励这些商家上传条码，这有利于完善阿里的条码库，还能促进商品的规范化。另外，阿里还通过官方渠道获得条码，阿里通过与中国物品编码中心合作，在第一时间将新的条码或规范吸纳入库。此外，阿里还通过与美国、欧盟等国际相关政府组织机构的合作，把全球各地的商品都囊括在条码库内。

卖家可以通过码上淘生成含商品百科、品牌互动、卡券领取、售后管理及游戏互动等不同场景需求内容的二维码，同时还能看到这些二维码的扫描情况的数据统计。阿里巴巴引入了很多码上淘或满天星服务商，满足品牌各种不同的服务或营销需求。

阿里码上淘战略的主要目标是让购物相关场景条码化，让消费者通过扫码能够快速进入购物界面或消费各个环节。为培养用户的扫码习惯，阿里在媒体上投放了很多二维码，还推出了很多扫码有奖活动。比如，2016 年春节期间手机淘宝上“扫条码享年货”活动，活动界面如图 5-1-4 所示。用户通过扫描商品条形码或二维码，可获得该商品或类似商品信息并可进入商品购物界面，同时还能获得一次抽奖机会，参与抽百元红包及抢一元年货。

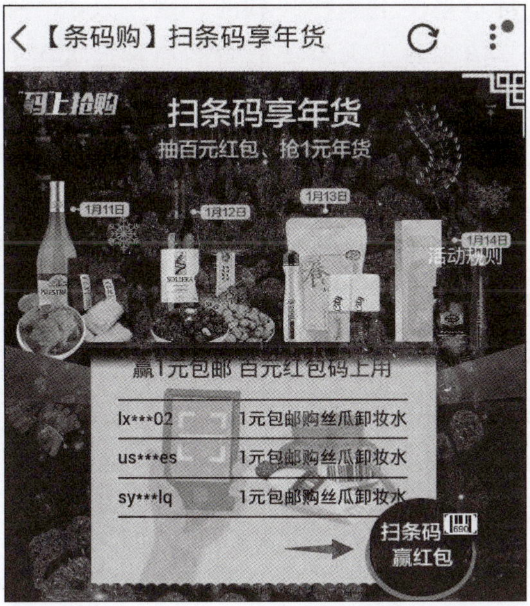

图 5-1-4　扫条码享年货活动

因为目前的商品编码还基本上都是条形码，是一个系列商品对应一个条形码。如果需要防伪溯源的时候，需要一件商品一个码即一物一码的时候，则需要用到二维码，这个将在下面 5.1.2.1 节中做详细介绍。

5.1.2.1 “满天星”商品防伪基础上的营销

满天星是码上淘中的应用之一，码上淘的目的是给各类购物相关行为一个二维码（条码）入口，而满天星则侧重于商品的防伪溯源。当然，很多应用并没有明显的界限，很多时候一个二维码可以同时承载多个功能应用。码上淘内的码可以是二维码，也可以是条形码，而满天星从防伪溯源角度出发，需要单品单码，或者说是一物一码，因此，最适宜使用的只能是二维码。

说起商品防伪，先来说说假货的问题，应该说假货是困扰电商的一个重要问题。事实上假货不是网上购物独有的，网络只是一个渠道。假货线下也有，线上也有，只是因为线上大家都能看到而被放大了。现在几乎各大电商都有引入第三方卖家，因而，如果第三方卖家售假，平台电商很难做到 100% 杜绝。即便是电商自营的部分，商品也并非全是从品牌商家直接进货，很多也是通过经销渠道进货，因此，如果购买渠道出现问题，也很难做到 100% 杜绝，如最近某特卖平台出现的假茅台事件。笔者相信电商主观上无意售假，但审核方面的某些漏洞让不法经销商钻了空子。假货不是哪一家电商面临的问题，是整个电商面临的共同问题，也是整个社会面临的系统性问题。假货需要主管部门加大监管及打击力度，需要平台电商有足够的审核和处罚措施，还需要消费者有一定的鉴别能力。当然，具体到电商渠道购买而言，电商平台一整套完善的审核、监管及处罚措施是最为关键的环节。

阿里满天星计划采用二维码技术为每一件品牌商品赋予单品单码（即一物一码），使每个二维码成为单个商品的“商品身份证”。品牌商家通过这个“商品身份证”与消费者快速建立连接场景，为消费者提供产品防伪、溯源、互动营销等服务。阿里巴巴基于海量用户大数据基础，开放无线端为品牌商家提供手机端的入口与安全保障，并提供相应的数据服务。带有“商品身份证”的品牌及产品，会成为阿里巴巴平台上优质服务的体现与保障，在消费者端形成更可信、更具品质的认知。消费者通过扫码能够辨别产品真伪，追溯产品生产流通信息，还可以参加互动营销获得优惠或抽取奖品等。

阿里满天星有如下一些功能。

验证真伪：为商品赋予了一物一码的“商品身份证”，让消费者放心购买。既是对正品品牌的保护，更是对消费者权益的保护。

产品溯源：针对与溯源相关的快销品、美妆、酒类及农产品等行业，通过与各地政府、行业及相关服务企业的协作，建立追溯保障模式推进产品溯源落地。如图 5-1-5 所示，在满天星的后台，品牌商、政府/协会及服务商分别对应不同的申请入口。

图 5-1-5　阿里巴巴满天星页面截图

互动营销：在消费者扫描商品二维码的场景中，除了基本的防伪溯源外，还能参与互动活动。通过互动营销消费者可以获取会员权益、获得积分及参与抽奖等。商品上的二维码成为连接消费者的桥梁，使线上和线下互通成为可能，实现品牌在消费者端互动、导购及分享等营销价值。

阿里整合品牌方及服务商，将二维码技术提供给品牌方。品牌方在商品出厂前就在外包装上打上二维码，或制作二维码标签放在包装盒内。若有不良商家想复制二维码进行制假售假，打假雷达自动追踪扫码地理位置后，即可迅速排查出假冒产品售假地址，从而截断线上线下的售假行为。买一件正品得到一个码，如果炮制 100 个假码，那么就必须买 100 件正品 ，这对于造假者来说成本太高，得不偿失。这大大提高了不良商家的造假成本，因此，也几乎杜绝了造假可能。此外，品牌方还可以通过阿里大数据对二维码扫码次数做判断，根据单个二维码的扫码次数判断二维码是否被盗用。消费者也可以根据扫码次数判断是否为正品，新的二维码应该从未被扫过，应显示是首次被扫描，如果首次扫描就显示已被扫码过，则可能出现问题，需要进一步查询并处理。

5.1.3 扫码互动，二维码巧妙用于互动营销

阿里系的淘宝、天猫是一个交易平台，而腾讯系的微信是一个社交平台，因而两者有明显不同。比如，我和同事、同学、亲戚朋友等都是微信好友，但我的淘宝好友里则极少有同事、同学和亲戚朋友，有的更多的是交易伙伴。因此，我们有个什么好东西想分享给亲朋好友，通过微信很简单发个信息链接即可，而在淘宝里则并不方便。也正是看中社交传播的优势，阿里开始做了类似微信的社交应用来往，但并不成功。后来，阿里干脆直接在支付宝里整合微信的一些做法，比如，支付宝用户加好友建群组，商户建公众号等，取得一定效果但和微信相比依然差距很大。

图 5-1-6 天猫双十一销量达 912 亿元

如图 5-1-6 所示，截至 2015 年 11 月 11 日 24:00，“2015 天猫双 11 全球狂欢节”交易额超 912 亿元，是 2014 年双十一销售额 571 亿元的 1.6 倍。虽然，“1.6 倍”看似不是很大的数字，但要知道是相对于 571 亿元这个庞大的数字基数的。2015 年天猫双十一销售额中移动端占比为 68%，累计物流订单为 4.68 亿个，电子面单生成量为 1.21 亿个，全球已成交国家及地区达到 232 个。

如图 5-1-7 所示，笔者当天 4 点就在微信朋友圈预测了全天销售数字，与实际数据很接近。实际销售数据表明 2015 年的双十一是极其成功的。笔者之所以看好天猫双十一的销售额，从宏观上讲是生态系统的完善。阿里从购物到支付到物流到售后的一整套系统已经非常完善了，用户数量覆盖足够多，用户购物流程上已经很便捷了。从微观上讲，红包是一个实打实的因素，其中，很多红包在购物时可以直接抵扣，因而很受欢迎。

图 5-1-7　笔者在微信朋友圈预测的天猫双十一全天数据

我们前面讲过，用户的主动传播是最好的传播方式之一，而用户获益传播能促使用户主动传播，红包是吸引用户的一个利益。之前也讲过淘宝和天猫不是社交平台，很多同事亲朋好友是微信好友，但未必就是淘宝或天猫好友，如何在用户之间传播天猫的营销活动呢？有这样一个方便互动的东西，对，就是二维码，阿里巧妙地将二维码用于好友之间的互动中。2015 年天猫双十一中的一个具体玩法是这样的，某个用户，如 A 用户通过天猫（通过淘宝也可获取，以天猫为例）获得一个红包，但这个红包需要其他天猫用户，如 B 用户帮忙才能拆开。B 用户帮 A 用户拆开红包后，A 用户获得 B 用户拆开的红包权益（可以是某个金额，也可能没有），同时 B 用户也获得一个红包，当然，这个红包也需要 B 用户的好友帮拆。依此类推，通过红包让活动在天猫用户之间传播开来。因为这个红包属于天猫双十一活动的红包只能在天猫双十一期间使用，因此，也是通过红包让双十一活动在天猫用户之间传播。当然，A 用户可以通过链接方式请求其好友帮拆，但问题是 A 用户的好友不一定是其天猫好友，这个时候 A 用户通过如图 5-1-8 所示的二维码，请求其好友或任意天猫用户扫码帮拆。A 用户可以将这个二维码通过微信、微博等途径发送给好友请求帮拆。A 用户也可以直接将手机屏幕展示给其他天猫用户扫码帮拆。所以，个人之间的互相扫码不一定就是加好友，也可能是在帮拆红包。二维码让本不方便的好友互动传播变得相对方便，应该说这一营销方案里对二维码的应用很巧妙。

图 5-1-8　2015 年天猫双十一扫二维码帮拆红包

其实，除了 2015 年天猫双十一，早在 2014 年天猫双十一就开始做扫码帮拆的营销活动了，如图 5-1-9 所示，只是当时帮的忙不是拆红包而是开彩票。

图 5-1-9　2014 年双十一手机淘宝扫码帮好友开彩

此外，在 2015 年淘宝双十二及其他常规营销中，也有二维码帮拆的营销应用。在淘宝双十二活动中的红包争夺战中，可邀请其他用户帮忙扫码，增加红包偷袭机会。

在 2015 年天猫双十一的前夜，阿里还联合湖南卫视搞了一个双十一直播晚会，在晚会上阿里也通过摇一摇和扫二维码等方式和观众互动。摇一摇的玩法每隔一小时会有一个红黑两队比拼的综艺环节。观众预先在手机端押出预期获胜的队伍。游戏结束后，押对的观众可以通过摇一摇抢购 1 元进口牛奶、四件套等产品。这种设置将节目内容和优惠让利深度绑定，让观众既参与了娱乐互动，也获得了优惠购买的机会。与此同时，电视端的受众会在屏幕下方看到二维码，通过扫描二维码参与互动活动。娱乐不只是娱乐，消费不只是消费，用户行为在娱乐和消费中融合，同时也是在电视屏幕和手机屏幕之间进行便捷互动切换，将电视娱乐切换到手机购物页面。

阿里之前开展的扫码营销活动只是解决了互动，还没有解决加好友的问题。2016 年春节期间支付宝红包活动中的集五福活动就是阿里开展的以加好友为目的的营销活动。只是最终只有少部分用户集齐了五福，大部分用户白忙活了一场，让最终的效果打了折扣。

类似的玩法也在其他应用中有使用，比如，开心消消乐游戏也是通过二维码方式互动。用户每完成一局周赛，可以发一个如图 5-1-10 所示的二维码图片到微信朋友圈。自己和好友可以通过解码获得橡果。通过这个二维码推广这个游戏，通过获取游戏周赛的橡果吸引用户参与游戏活动或下载游戏 APP。

5-1-10　游戏扫码得橡果

同样是在春节期间，开心消消乐联合周星驰导演的电影《美人鱼》开展了扫码抽奖活动，也是和阿里扫码互助类似的借助二维码互动的营销活动。如图 5-1-11 所示，可以分享图中二维码给好友，或好友当面扫码帮你砸金蛋。砸金蛋可以抽取大奖，也可以点亮不同的灯，点亮六盏灯可得小黄鸡抱枕。

图 5-1-11　扫码帮好友砸金蛋抽奖

5.2 扫码购物，未来购物模式的探索

5.2.1 地铁虚拟超市 TESCO 公司重新创造购物体验

英国 TESCO 集团是全球三大零售企业之一，其中文名称为特易购。在韩国，TESCO 是韩国零售市场中销售额第二大的大卖场。在对 TESCO 进行整合营销的过程中，营销部门提出了一个新问题，如何在不新增门店的前提下提升销售额。通过市场调研发现，韩国人是世界上第二辛苦的人。而对于传统的韩国人而言，每周一次的大采购，是他们一周辛苦和劳累之外生活的一部分。为了接近这部分主流购物群体，TESCO 首先将在韩国的超市名称更改为更具韩国本土文化理念的名称“Home plus”。其次，TESCO 提出了一个新的理念“Let the store come to the people!”，意为让超市来到人群中。

在让超市来到人群中理念的指引之下，Home plus 将超市搬到了地铁里，建立了“移动购物超市”，如图 5-2-1 所示。Home plus 将商品以实物照片的方式粘贴在地铁站的广告栏中，这些商品以食品饮料等快速消费品为主。当然，如果地方及条件许可，也可以摆放实物商品，那么这样用户感知更为直观。每一个类别的商品旁边都放着对应的二维码。人们利用等车的闲暇碎片化时间，扫描二维码到 Home plus 的线上超市，查看商品的详细信息，进而购物下单。

图 5-2-1　TESCO 在地铁内投放的二维码广告

这一营销方式将线下广告和线上网店有机联系在一起，能够将线下的曝光转化为线上的购买行为，相当于利用线下的地铁广告空间开了一个“地铁虚拟超市”。消费者在候车的闲暇时间也可以用来购物，充分把这部分无聊的碎片化时间利用起来。比如，在早上等地铁的时候，购买了某样食品，快的话白天在公司的时候就能够收到。再比如，下班的时候购买了某样生活用品，如果到家或第二天早上就能收到商品，这样的体验无疑是很好的。

我们来看一下活动效果，活动期间，即 2010 年 11 月至 2011 年 1 月，共有 10287 人次使用智能手机在线消费，新注册用户增长为 76%，线上消费增长为 130%，使 Home plus 成为当时韩国第一大在线超级市场。数据表明这一营销活动确实起到了较好的营销效果。

关于 Home plus 的活动详情，还有一个视频介绍，大家可以扫图 5-2-2 中的二维码观看。

图 5-2-2　扫码观看 Home plus 移动地铁超市案例视频

5.2.2　品牌营销重于扫码购物 1 号店等国内电商的尝试

对于 TESCO 在韩国地铁上的尝试，在电商发展的早期，国内很多电商也运用了这一营销模式，其中以 1 号店为典型代表。如图 5-2-3 所示，1 号店在上海等大城市的地铁内投放了二维码购物广告，广告位上如商品陈列柜一样陈列了商品图片并配上二维码，用户扫码就能够购买商品。

图 5-2-3　一号店在地铁等户外投放的二维码广告（图片来源于网络）

此外，很多电商及商家也会在投放广告的时候加上二维码购物链接。比如，如图 5-2-4 所示，2016 年春节前，一应用在地铁里推出的扫码购物活动，以 0 元或 1 元的低价格吸引用户参与。

图 5-2-4　某平台在地铁推出的扫码特价购物活动

当然，现在各类扫码工具比较普及，以及相应的 4G 技术提升了手机上网速度，让扫码购物过程变得流畅可行。但在，移动互联网发展之前，扫码软件不普及，上网速度不够快，扫码流程不会很流畅。等移动互联网发展以后，主流 APP 都带扫码功能了，但手机购物 APP 也已经普及，二维码购物就不如直接手机 APP 上购物了。因此，虽然具体的扫码数据作为商家商业数据未必会对外公布，但我们可以判断实际上使用扫码购物的人不会太多，除非类似上面的 0 元或特价购物的刺激。但低价的刺激只是一个短期的用户消费培养行为，不是一个长期的销售行为。即使之前 Home plus 显示移动端购物的增长，但这个数据只是移动端用户数据，不是直接扫码参与的用户数据，但这个增长也可以看作是扫码购物带来的效果，只是可能不一定是直接扫码带来的效果。

抛开实际扫码人数的问题，这一应用至少赚足了眼球，吸引了媒体和大众的关注，从这个角度看算是一个成功的营销。应该说商家看中的更多的是品牌营销，消费者是否从扫码渠道而来不是最重要的。二维码提供了一个方便快捷的入口，扫码购物的消费习惯也需要持续培养。

5.2.3　体验式扫码购物是购物的未来方向吗，嘿店转型

2014 年 5 月底，国内物流业龙头顺丰高调宣布，在杭州、上海、深圳等全国主要城市开通 518 家线下社区网购服务店——顺丰嘿客，并称集团未来将投资近 10 亿元将其打造为总数逾 3 万家门店的大型社区 O2O 项目。最高峰时顺丰嘿客有 3000 家门店。

应该说嘿店作为顺丰的线下布局被顺丰寄予厚望，是顺丰整体战略的重要布局。顺丰在已有线上顺丰优选及本身快递资源优势外，可以通过嘿店实现线下到线上购物再到递送的完整环节，形成线上线下均有资源并互相促进的完善的 O2O 服务体系。嘿店不仅能成为消费者购物体验场所，还能作为顺丰收发快件的网点，可谓一举多得。如图 5-2-5 所示，嘿店在上海的一家门店外景。

图 5-2-5 上海一家嘿店门店外景

嘿店的初期模式主要是便利店+快递模式，即消费者仅在门店完成和便利店一样的购买动作，但不能立即拿到货，货物后续通过顺丰快递送达用户手中。有的嘿店门店会有一些商品展示，而更多的则是介绍图片。消费者通过扫描商品对应的二维码进入网店完成购买，后续等待快递送货上门。有的网点也有专门的智能设备供用户购物下单。这种模式的优点是门店几乎不需要考虑库存问题，没有了成堆的各类货品堆积，省去了货架展示面积，也省去了对应的理货员和收银员的人力成本。相对于传统的便利店，嘿店算是轻资产的了，除了房租成本，整体成本比传统便利店低很多。

但是，作为一个便利店，便利很重要，购买体验不好则很难抓住消费者。比如，在一个夏天的下午，你又热又渴，跑到一家便利店里买饮料或冰淇淋，假设你不能立即拿到，反而说要等快递上门，估计会崩溃吧，这个体验完全无法接受。所以，对时间有要求的购买行为完全不适合嘿店这种模式。当然，网上购物都存在时间问题，由于地域间隔，商品送到购物者手里至少需要一两天的时间，各地有分仓的网点能实现当日送达，但也要等待数个小时，这个时间需要购物者提前考虑好。嘿店似乎想在网购和便利店之间找到不同的道路，抑或是想将便利店和网购有机结合起来。老年用户对二维码不感冒，不习惯买了东西又不能立即拿到。年轻用户要是想买什么直接家里网购就行了为什么还要跑一趟嘿店呢？嘿客并没有使线上线下形成良性互动。

嘿店已根据市场实际情况开始转型。除了原有的快递收发业务点外，部分嘿店已转型成为果蔬生鲜便利店，如图 5-2-6 所示，嘿店的货架上也摆满了各类零食、水果及生鲜蔬菜，顾客随买随走，和一般的果蔬生鲜便利店没什么区别。嘿店的墙上依旧贴满了各类商品介绍，但也仅仅是展示用，二维码已经很少见了。

5-2-6　上海一家嘿店内部图片

雷军曾发表著名的风口论，即“站在风口，猪也能飞起来”，即成功除了自身努力，也需要好的外部环境及抓住这些外部环境。不是嘿店的模式完全没有市场，只是嘿店的风口没有来。这样的例子有很多，很多新模式的创意很不错，可惜因为用户习惯还没被培养起来或者因为一些技术环境没有发展起来而没能成功。

网上购物虽然很方便，但它也有不足之处，就是无法看到商品，没法体验商品。虽然有一些图片，但这些图片大多是经过加工的概念图，这些图片一般都很漂亮。我们也知道，网店要想销量好，好的图片设计能起到很好的引导作用。而且像衣服这些是否合身网上根本没法体验。而且网上的很多品牌是新品牌，在线下商超中不一定能看到，质量好不好没看到实物没法判断。虽然可以看评论，但这些评论到底是真实用户的评论，还是刷的，有时候很难判断。而且有的说好，有的说不好，甚至一个特点会出现截然相反的评价，我们到底该听谁的挺难下结论的。不管出于何种原因，买到不满意的货物，当然希望去退货。但有过网购经历的朋友，应该比较讨厌碰上退货的情况，流程长耗时久且容易扯皮。还有如果不是商品质量的问题，则还要白白多出退货的运费等。而假设我们能看到商品的实际模样，或者像衣服这种能实际的体验一下再决定是否购买，一般就不会出现退换货等问题，而这些，现有的网上购物难以给到满意的答案。所以，在电子商务出来后不久，基于多年的二维码行业经验，笔者就曾设想过以扫码购物模式为主打的购物模式。这个想法在嘿店出来之前就有想过，只是嘿店开始了真实的尝试，当然，嘿店和笔者理想的购物模式还不尽相同。

这种扫码购物模式要有一个较大的线下卖场，因为，只有大的卖场才能够陈列较多的商品供消费者查看及试用体验，消费者觉得商品不错，则可以扫码下单。而嘿店店面足够小，显然无法完成较多商品的体验。这些卖场仅仅是一个线下体验中心，所有商品都贴满二维码。消费者选好了商品，扫描上面的二维码，然后下单结算，很轻松不需要排队结账。然后，当消费者到家的时候，在理想的状态下商品快递也到家了，省得消费者大包小包往家里拎了。对于这种店面而言，不要考虑库存和销售的问题，每样商品只需备几件商品即可。此外，店面的人员构成也相对较少，不需要收银员和很多理货及仓库管理人员，成本相对较低。

网上购物方便快捷但对商品本身的感知及体验不足，线下购物能体验到实物但排队结账且提取相对不便。如果能把两种方式的长处结合，形成线下体验再扫码到线上购物的模式，那么我们不妨称之为“体验式扫码购物”。这种体验式扫码购物是否就能有最佳的购物体验呢？是否会成为未来购物的主流模式呢？好处其实前面已说了不少，就是体验好了再买，不用排队结账，不用大包小包提货，也不用考虑退货问题。前面介绍的阿里的“媒体码”及电商的“地铁虚拟超市”虽然也是扫码购物，但仅是解决了购物的媒介传播问题，还是没有解决商品的体验问题。嘿店有了长期的门店，早期的嘿店应该算最接近这一模式的，但奈何门店面积有限能够做到的实物体验有限。

再来谈谈体验式扫码购物模式的不足之处，比如，消费者需要立即将商品拿走使用的情况是不合适的。一些很常规很标准的大家都知道不需要体验的商品也不合适。还有，比如在这个店里看好了商品，然后，在网上比价找其他更便宜的店购买。当然，每一种模式都有其不足，都无法满足所有人，判断一种模式好不好，也不是看它有没有缺点能不能满足大多数人，而且主要看其能满足的市场空间有多大。就目前看来，扫码购物更适合一些非常见非标准品需要用户体验或试用的情况。比如，现在有很多体验店其实也具备这一模式的雏形。

随着网上购物的发展，对线下实体店带来的冲击越来越大，同时，对实物的体验需求也越来越大，因此，线下店不如往体验的模式上发展。未来线下店更多承载的是体验和品牌营销的功能，如果体验足够好，则可以再从线下扫码到线上购买。前面也讲过，可通过二维码追溯是哪家店产生的销售，可通过销售额的多少对相应实体门店员工进行奖励。随着消费习惯的培养，扫码购物模式的商品类别将从非常见非标准品拓展到更多的商品品类，并支撑起足够的市场空间，成为未来购物的一个重要模式。

第 6 章
二维码行业端应用

其实，在本书的其他章节也介绍了不少二维码应用及营销玩法，本章主要从行业角度来观察二维码在行业中的营销应用玩法。每一个行业的营销玩法总体上有很多，我们会重点挑一些和二维码相关的营销玩法来介绍。

6.1 服务业

服务业涉及的具体行业比较多，有餐饮、KTV、美容美发、足疗按摩、咖啡茶吧等众多细分行业。服务业需要满足客户多样化的需求，是一个很难标准化的行业，更需要具体的服务人员多用心才能服务好。我们一般认为服务业就是服务人员给客人做服务的关系，其实，这不仅仅是一种服务关系，更是人与人之间的关系，是一种社交关系。

服务业即 O2O 行业是各方竞争的重点领域，这块既有各类评价、外卖、团购、行业 APP 等行业应用，也有从支付领域切入的服务商，可以说在服务业里的营销模式非常多。营销玩法也根据不同细分行业的不同情况而不尽相同，营销玩法很难标准化。很难标准化让营销服务后来者进入会很难，除非有很创新有创意的玩法。前面我们也介绍过微信连 Wi-Fi、扫码抽奖、扫码返现等营销玩法，下面我们再介绍扫码看菜谱、扫码点评打赏等二维码相关营销玩法。

6.1.1 扫码评价打赏服务员，七星服务发动机

在服务业中，服务质量是一个至关重要的问题，这个决定了老客户的回头率。除了服务内容的质量以外，在服务第一线的服务员的服务水平，则是决定服务质量的一个重要因素。单店的话老板还能进行一定程度的监督，如果是连锁店，则老板不可能每个店都去监督。想一想一个服务员一天连续服

务数个小时已经在很累的情况下，也很难做到一直脾气很好笑脸相迎，即使有监督反而可能让服务员更加抵触。要让服务员提升服务品质，主动用心去做服务，则需要一定的激励机制。除了公司的激励外，来自直接服务对象即顾客的激励也非常重要。顾客满意，给服务员的服务质量进行评价，对好的服务除了好评还能给予一定的打赏，则对服务员来说是一种精神和物质的双重鼓励，将会大大提升服务员的工作积极性，我们现在在做的小评赞赏就是这样一种服务评价及打赏系统。

客人扫描佩戴在服务员身上的二维码胸牌可对服务员进行评价，有五个星级可供用户选择，在好评（三星以上评价）的基础上还可以打赏。客人通过微信支付、支付宝支付等方式进行打赏，不用额外安装 APP，操作上也非常方便。当然，如果服务员服务不好，则也可以给差评（一星或二星评价），并说明具体的服务情况，用来督促服务员改进。通过这一模式可对服务员进行管理和激励，以提升服务品质和客人满意度。当然，客人的评价和打赏都是出于客人自愿，服务员可以主动请求客人评价但不得主动索要打赏。二维码胸牌如图 6-1-1 所示，可以扫码体验，其中打赏为真实打赏。

图 6-1-1　二维码胸牌样例（可扫码体验）

小评赞赏这类二维码打赏模式能够实现企业、服务员和客人三位一体互利共赢。对企业而言可以让企业服务更好，客人更满意，生意更兴旺。企业可分享部分赏金，不花钱还能挣钱。此外，企业还能有效加强对员工的监管和考核，让员工收入增加，队伍更稳定，招工更容易。对服务员而言意味收入增加，服务积极性提升。服务得到客人认可，工作会更带劲。而对客人而言可以得到更好的服务，还满足了评价表达的心理诉求。打赏等激励模式能让服务员的观念转变，从为老板打工变成和老板一起为客人服务，服务的好坏直接影响到自己的收益，其动力自然是以往所不能比的。

扫码评价及打赏系统适合于中高端餐饮、咖啡茶馆、足疗按摩和美容美发美甲等各类 O2O 服务行业，打赏对象多是服务员、技师、美发师、茶艺师及大堂经理等，其中，技术性较高的服务类人员更易于获得打赏。前面我们说过，服务不仅仅是一种服务与被服务的关系，也是一种人与人之间的社交关系。大家能够平等相待，多沟通互动，有利于形成一种和谐的服务局面。

小评赞赏这样的打赏系统不仅被理解为客户对服务员的评价和打赏，这一系统更应成为企业对服务员的服务评价系统，是企业内部管理考核系统的一部分。作为商户服务管理工具，小评赞赏的主要功能有两点，其一是为管理和激励员工提供有效可数据化衡量的工具，其二是建立客人与门店（店长或老板）及服务员之间的沟通机制。如图 6-1-2 所示，一餐厅佩戴二维码胸牌的服务员。

图 6-1-2　佩戴二维码胸牌的餐厅服务员

6.1.2　扫码看电子菜单，人人参与点菜

我们到餐厅点菜都会碰到这样的情况，一般服务员会拿上一两本菜单，一般由领导先点菜，或者是经常点菜的人来点，或者大家轮流点，有时还会互相谦让。总之，会出现有人在点，有人又看不到菜单的局面。由于考虑到很多店上菜慢，一般需要很快完成点菜，造成有人点了菜，有人还没看好的局面。

假设我们在餐桌上印上多个二维码，大家都可以扫码同时看电子菜单，并告知服务员点菜。这样每个人都能同时点且点各自喜欢吃的菜，并行不悖效率提高。类似于计算机的单线程变成了多线程，点菜效率大大提高。同时，因为大家都参与点菜，往往点菜数量比原来少数人点菜点得多。电子菜单往往能有更多详细介绍，图文呈现，以及可以看到之前食客对菜品的点评，可以给客人较为全面的参考。如果很多人点评为不好吃的，也可以不点避免浪费。

上菜后，还可以考虑在盘子等处放上二维码，便于对对应菜品进行查看及点评，可以看菜品是否符合大多数人的口味，这些点评可以给前面说的新食客以参考。当然，对某个菜品的点评除了可以通过扫某个菜品的二维码进入外，也可以通过电子菜单的二维码入口进入。进入单个菜品页面后，除了可以对菜品进行评价，还可以对菜品对应的厨师进行评价，督促差评多的厨师改进工艺提升水平。餐厅还可以对好评多的厨师进行奖励。此外，还可以看到菜品的一些基本配料和做法，作为以后自己做的参考。

电子菜单还有一个好处，就是内容可以随时更改。实物菜单内容一旦固定，再更改就比较麻烦。以如价格、菜名等内容的更改是对实物菜单粘贴标签、涂改等方式进行，这会让菜单美观度降低，而电子菜单的内容可以在线即时更改，随时生成最新内容。

之前，我们说的扫码看电子菜单只是完成了一个看菜的功能，选菜下单功能还需要服务员人工支持。其实，电子菜单还可以和选菜系统及在线支付系统进行整合，让食客从看菜谱到选菜再到支付全部在线完成，方便食客使用，此外，还能让食客吃过的菜有一个电子记录。

很多饭店已经使用 Pad（平板电脑）设备供用户查看菜谱，这对饭店而言增加了 Pad 的成本，但对用户而言 Pad 的浏览效果会更好，且节省流量。

6.2 制造业

前面提到 O2O 是线上线下互动，要玩 O2O 需要线上线下两头有资源。线上的相对好办，就算自己没能力独立做，也可以通过入驻各类线上平台或借用网络工具来实现线上的布局。但线下的资源就不是哪家都有的了，一般服务业都有线下的门店资源，因而，比较好开展线下到线上的 O2O 互动。那制造业等其他行业怎么办呢？制造业一般没有门店，即使有渠道商户控制力也是有限的，即制造业没有线下可控的门店或商户资源，如何开展类似于服务业的互动呢？

要做互动，我们不妨打开实体门店的思维桎梏，看看我们还有没有其他可以互动的资源。比如，邮政可以利用其拥有的邮政信筒资源来做互动，如图 6-2-1 所示，可通过扫描邮政信筒上的二维码进行邮件快寄业务。

图 6-2-1　邮政信筒上的二维码

所以，我们要想一想，虽然没有门店等互动平台，但我们有没有其他可以利用的互动资源。比如，制造业企业虽然没有门店，但是有商品，可以换个思维将商品看成一个和消费者互动的窗口，可以让商品参与互动营销。比如，在商品上打上商家公众号二维码、商家店铺二维码，这样消费者可以扫描这些二维码关注企业公众号或者到商家店铺购买商品。当然，这些二维码都是公开的，单个活动的二维码也是同样的，消费者即使不购买商品也可以参与这些互动，而且没有一些激励措施消费者也缺乏扫码的动力。其实，最好的方式就是给每个商品赋予一个二维码，相当于给每个商品一个身份证，也就是前面讲的一物一码的概念。消费者扫描这个二维码可以查看商品真伪，了解溯源等商品信息，还可以参与互动活动赢取奖品。

一物一码，左手防伪右手抽奖

实物商品的一物一码和之前讲的二维码消费返现很类似，不同点是一个是消费商品，一个是消费服务，相同点都是要产生消费，都是消费后获得返现。另外，实物商品的一物一码还承担了防伪和溯源的功能，而服务消费则没有这方面的需求，因为，实物商品的一物一码可谓左手防伪右手抽奖。

左手防伪：前面也有介绍过，二维码技术是把控产品原材料、打击假冒伪劣产品和追溯产品流向的强有力“武器”。通过扫描商品上的二维码能查到商品信息如产品品牌、生产日期、原材料和产地等，以及流通信息如上级批发商和下端零售商等，实现商品从生产到流通的全过程可追溯管理，成为消费者了解商品来龙去脉的“窗口”。

右手抽奖：能知道产品的真伪固然很好，但也不是任何一种产品消费者都要查查其真伪，以及去了解其信息。如果能通过一些互动让消费者去了解品牌，以及能获得一些奖励，那么一物一码才能发挥出更大作用。品牌通过采用一物一码技术，不断吸引消费者来参与互动，打造以用户体验为核心，以参与性互动及定制化服务为支撑的超级生态系统。产品不再局限于产品的本身属性，而延伸出更多的社会属性，以消费者需求为导向不断强化产品及品牌参与感，将消费者变成长期的会员。

一物一码里的二维码其实也相当于一个凭证，一个参与互动的凭证，所以，这个二维码在开始时是需要隐藏的，只有当消费者购买后才可以看到它。隐藏的方式有很多，比如，对二维码局部遮盖，因为，二维码有局部遮盖还能扫的特性，所以，这个遮盖位置有讲究，要恰到好处。还有一个方式可以做双层二维码，第一层二维码用于查看商品信息，揭开第一层二维码后的第二层二维码用于查询及抽奖互动。或者二维码是公开的，再辅助一个隐藏的字符串参与互动。

如果产品有外包装盒且外包装盒不易打开，则二维码可以直接放在包装内而不用隐藏，消费者购买产品后才能打开包装看到二维码。在这种情况下，二维码的实体化方式有很多，比如在包装内直接塞一个二维码卡片，或者在外包装的内侧印一个二维码，或者包装内的产品上印二维码等。如图 6-2-2 所示洋河海之蓝酒瓶上的二维码，打开外包装酒盒可以看到瓶盖上的这个二维码，扫描这个二维码可参与抢红包活动。

图 6-2-2　酒瓶盖上的二维码

还有一种像恒大冰泉瓶盖上的二维码比较巧妙，如图 6-2-3 所示，这个二维码的材质其实在瓶盖外面，是利用瓶盖的透明性质透过瓶盖内部看到二维码，消费者只有拧开瓶盖才能看到二维码。

图 6-2-3 瓶盖外侧及内侧图片

互联网思维的一个特点是免费，而一物一码这一模式不仅免费还能反过来给用户利益。不要问怎么挣钱？积累了足够数量的用户，自然会有一百种挣钱的方式。而且一物一码本身就是要求消费者购买后才能参与活动的，相当于消费返利。

一物一码具体到不同的商家不同的商品参与，则又有了不同的衍生名称，比如，恒大冰泉的叫一瓶一码，王老吉的叫一罐一码，还有一盒一码、一箱一码等。统计数据显示，恒大冰泉“一瓶一码”上线初期，在不到 10 天的时间里，有超过 10 万人参与扫码进行产品溯源，应该说活动效果还是很不错的。恒大冰泉的活动开始是要通过手机淘宝或天猫 APP 参与的，后续的活动中则也可以通过微信等多种应用渠道参与。

这里讲的制造业的二维码营销是围绕商品开展的二维码营销，实际上只要是在商品流通环节对商品可控的经销商都可以参考采用这一营销玩法。不同的是，制造业在制造商品的时候，可以一并把二维码弄好，而经销商要搞一物一码抽奖返现活动，则需要通过后续粘贴二维码标签等方式开展。

6.3　金融业

前面讲过，金融行业对二维码的应用主要是在二维码支付方面，应该说，二维码支付对金融行业的影响是很深远的。因为，原本支付宝、微信这些是线上支付，而银行卡这些是线下支付，本来各有各的主要阵地，并无直面竞争。现在二维码支付让线上支付也参与到线下，与银行卡在线下支付领域展开正面竞争，势必会蚕食到原有线下支付的市场。实际上所谓二维码支付的安全问题，更多是二维码支付带来的利益问题。线上支付和线下支付的收单费率的差别，方便性等因素，将会改变原有线下支付市场格局。

其实，除了二维码支付，还可以通过二维码取现，不带银行卡也能从 ATM 取出现金。

扫码取现，无银行卡也能取现金

扫码取现的原理也相当于身份认证，用银行手机银行 APP 扫描对应银行 ATM 机上的二维码，利用手机端的登录完成 ATM 机端对应银行卡的登录，再输入一些取现密码之类的信息完成无卡取现。应该说这个应用对个人用户非常方便，因为，手机一直会带着，但银行卡太多可能出现未携带的情况。通过这种无卡取现方式及之前讲的二维码支付，都可以不用带银行卡就完成基本金融交易。这个应用也类似于前面提及的微信扫描网页端微信二维码完成微信在 PC 网页端的登录，以及通过手机扫描 PC 端微信连 Wi-Fi 的二维码完成 PC 联网的情形。

目前，多家银行开通了二维码取款功能，比如，建行及宁波银行等。基本上是通过银行手机客户端和 ATM 机上的二维码取款配套完成取现，各家的玩法不太一样，流程和需要输入的信息也不太一样，但使用起来还是比较方便的。当然需要说明的是，无卡提现的前提是要有开通手机银行的借记卡，且有单日限额。

之前交行也开通过二维码取现功能，只是最近笔者在上海的 ATM 机上体验的时候，发现已经没有二维码取现功能了，而是先后输入预约码（在手机银行端预约取款的地方设置）、手机号及取款密码等几样信息完成取现。估计之前的扫二维码就相当于系统获取预约码，可能考虑到扫码的成功率等因素改成了直接输入预约码。其实，目前扫码应该不是问题，还比输入预约码方便。使用预约码取款的银行也有很多，比如工行、广发等。

图 6-3-1　建行随芯用 APP 二维码取款功能界面

建设银行也有无卡取款功能，建行的随芯用 APP 配合建行 ATM 机器完成无卡取现，图 6-3-1 是 APP 二维码取款功能界面，图 6-3-2 是 ATM 端二维码取现界面。基本流程是手机端点击如图 6-3-1 中的“二维码取款”，并输入取款金额完成取款申请。然后，在规定时限内用手机端的“二维码取款”功能中的“扫描二维码”扫描如图 6-3-2 中 ATM 机端的二维码，按提示操作并输入银行卡密码后完成取款。应该说取款流程是比较方便的，扫描二维码相当于对银行卡的确认，和使用银行卡一样输入取款密码保证安全性。

图 6-3-2 建行 ATM 机上的二维码取款界面

除了二维码取现，通过微信及前文提及的预约码等方式也可以完成无卡取现。

6.4 旅游行业

旅游行业对二维码的应用有二维码景区门票，尤其方便外来的游客预先买好门票。因为，有的景区对人数有限制，有了票心里有底不会白跑一趟。关于二维码景区门票的优势在前面“4.3　二维码凭证类应用”中已经有了介绍，除了门票上的应用，可以利用二维码的景区导览系统，方便游客了解更多景区信息。

6.4.1 景区导览，自助导游看到更多

我们在游览景区的时候会碰到一个情况，很多时候没有导游进行讲解。即使有导游，导游需要面对一群人来讲，而且导游一般只会讲一遍，很难让每个人都听得很清楚，再加上时间紧，往往走马观花看不尽兴。

其实，我们可以在景区的很多重要节点布上二维码，相当于给游客配备了自动导游。游客通过扫描二维码，可以看到单个景点的详细信息，以图文或者语音、视频多媒体等形式展现，可以对景点有更为详细地了解。比如，在某个历史景区，看到眼前的景物，再通过二维码重现当时的历史情境，物是人非，真的感觉身临其境穿越到那个历史年代去了。如图 6-4-1 所示，在圆明园九州景区，游客用 Pad 扫描二维码欣赏圆明园盛时景象。

图 6-4-1　圆明园九州景区，游客用 Pad 扫描二维码欣赏圆明园盛景（图片来源于网络）

除了扫码了解单个景点信息以外，还可以知道附近方位的景点情况、供水、厕所等相关服务信息，为游览路径的设定提供参考。除了二维码，景区还可以结合采用语音在线播放技术、全球卫星定位系统（GPS）、地理信息系统（GIS）、虚拟现实技术（VR）及增强现实（AR）等现代信息技术，给游客带来更多的体验和服务。

6.4.2　二维码铭牌，你知道这棵树是什么树吗

这里的针对某一类具体物体的铭牌其实也是景区导览的一部分，只是景区导览是相对整体的介绍，而这个铭牌只针对某一个或某一类物体进行介绍。

我们在游览景区景点甚至在公共绿地散步的时候，经常会被问到这棵树叫什么名字，那朵花是什么花，还有那只鸟是什么鸟。我们大多数人毕竟不是专业人士，只知道常规的动植物名称，而不知道一些特别一点的动植物情况。或者就算知道名称但不知道具体的信息，比如植物的属种、花期及原产国等信息。当时问的时候不知道答案，事后也懒得搜索，也不好搜索，输入什么关键词搜呢？很多动植物的特征并不是很好描述。这个树上恰好有个铭

牌还好，还能知道个大概。但铭牌上的信息毕竟有限，如果旁边有个二维码，如图 6-4-2 这样的，则能扫码查看更多关于这一棵或这一类树木的详细信息，对着树木再对着详细介绍，很直观地我们就能了解树木的详细信息，又学习到了一个新知识。

图 6-4-2　青岛中山公园树木对应的二维码铭牌

反之，如果我们在网络等处学习这些动植物知识，只有文字图片没有实物对照，过程枯燥效果也不好。如果能对着线下的实物扫码查看，则学习的效果会非常好，这个很适合对孩子的教学。

6.5　农业应用

6.5.1　农产品溯源，吃上放心食品

俗话说民以食为天，现在食品安全是一个全民关注的重要问题，通过二维码防伪能查询到食品的生产及流通信息。比如，扫描瓜果蔬菜包装上的二维码，就可以知道这些蔬菜的来源，在哪里出产的，用了什么农药，是不是

有机食品之类的，明确了源头吃起来会放心一些。但问题反过来说，我们每天要消耗掉很多食品，我们不可能一个鸡蛋一颗青菜都要知道其来源，一来做不到那么讲究，二来一个一个去查询也耗时间精力。但对于一些价值高的食品，就很有防伪的必要，比如阳澄湖大闸解，其核心产区的产量有限，但价格高仿冒的多，就很有防伪的必要。如图 6-5-1 所示，某地大闸蟹戴上的防伪二维码铭牌。通过扫描二维码，就能知道这些大闸蟹是不是真是某地出产的。

关于二维码能否防伪，我们前面讲过首先要求查询平台是可信赖的，这样才能说明这个二维码是官方发布的，对应的产品是官方发出的产品。其次，要做到一物一码，给每个商品一个二维码身份证，此外，再配合二维码查询次数的提示，如首次查询提示第一次查询，这样就基本上能杜绝二维码仿造的可能了。如果想要控制查询次数，则最好对二维码进行遮挡，购买后进行查询，提示是首次查询则为正品，如果次数不止一次则有问题。如果二维码是公开的话，则容易被复制，当然也可以作为辅助防伪的手段，但如果被查询次数过多，则有被仿冒的可能。

图 6-5-1　带上二维码铭牌的螃蟹（图片来源于网络）

6.5.2 二维码耳标，猪也有身份证

二维码耳标用于动物标识溯源，相当于给动物佩戴上一个身份证。比较常见的是给包括猪、牛、羊在内的牲畜佩戴二维码耳标。

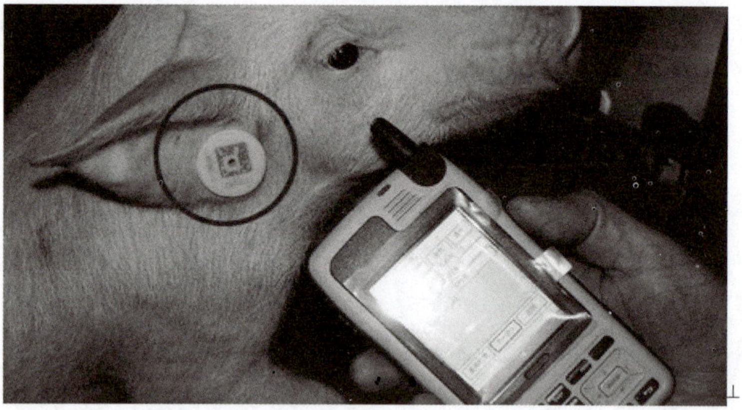

图 6-5-2 猪耳朵上佩戴的二维码耳标

如图 6-5-2 所示，一只猪耳朵上佩戴的二维码耳标。耳标作为一个信息存储元件，动物一出生就挂在了耳朵上。传统的含有少量字符信息的耳标只能追溯生猪的养殖地，只是个免疫的标志。二维码耳标可以全程记录生猪生长及流通各个环节的详细信息。因此，被打上二维码耳标的生猪，通过溯源智能识读器识读耳标可以知道其来自哪个养殖场及免疫、运输、屠宰等情况，生猪从一出生到生长期再到流通环节的养殖免疫信息就会全部扫描出来。二维码耳标可谓猪的身份证，很难被仿造，无论猪肉流通到哪里，在哪个环节出现问题，都可立即查到它的源头。通过二维码耳标的使用，有助于提升肉食品的安全性，让老百姓能吃上放心肉。

6.6 公共服务应用

公共服务部门将新技术用于提高服务品质的尝试和应用越来越多，这一点应该值得称赞。其中，在二维码方面的应用还是蛮多的，也蛮实用的。

前面我们讲过，营销由内容和传播构成，好的内容也可以算是好的营销的一部分，至少好的内容更易于传播。好的服务也算是内容的一部分，这里讲的很多用法可以供大家参考，从中发现可以和自己的服务相结合的地方，以提升服务品质。

6.6.1 二维码胸章，助走失老人“码”上回家

老人年纪大了记忆力会自然减退，这一类人群很容易走失找不到回家的路，也说不清楚家里的联系方式。一旦老人走失，给好心人寻找老人家人带来了困难。家人也会因为长时间找不到老人而陷入深深的焦虑中。

现在很多街道社区居委会为老人着想，提供二维码胸章给老人。好心人如果碰到走失的老人，则可通过其佩戴的二维码知道其姓名，并找到其家人。以往有人家怕老人走失，会在老人的脖子上挂上一个胸卡，上面标有老人的姓名、家庭住址及联系方式等详细信息。但这样个人隐私信息也容易被一些图谋不轨的人窃取，这些人会利用联系方式等信息对老人进行诈骗，而二维码方式则不能让人直接看到老人的信息。此外，为了防止个人隐私信息泄露，也可以只留所在社区居委会的公开电话及专职职工的手机号，这样通过二维码胸牌不仅能够找到老人家属，还能有效防止老人的信息外露。二维码里除了老人的姓名及对应的社区信息外，还可以加上老人发病史、过敏史等信息。当老人在外突然发病，也能够方便好心人知道基本情况便于采取对应措施。

如图 6-6-1 所示，合肥丁香社区的二维码胸牌应用案例。

图 6-6-1　合肥丁香社区的二维码胸牌（图片来源于网络）

相比写纸条装在老人口袋中，二维码胸章不易丢失和洗掉。相比有定位功能的老年人手机或手环等科技装置，二维码胸章成本低廉，且手机或手环功能老人多用不来。除了二维码胸章的技术手段的应用，老年人更需要子女的关爱和陪伴。如果家里的老人存在思路不清有走失的可能，除了街道帮助制作二维码胸牌外，个人也可以自己制作二维码。二维码胸牌除了可以给老人使用外，也可以给儿童使用，方便走失或迷路儿童找到父母。另外，这个二维码联系方式除了可以做成胸章、胸牌、胸卡的形式外，还可以以二维码钥匙扣或二维码手环等方式呈现。关于二维码胸牌助老人回家的情况，可以扫图 6-6-2 中的二维码观看对应视频。

图 6-6-2　扫码观看二维码让老人“码”上回家的视频

6.6.2　火车票上的二维码

我们知道现在的火车票已经印刷了二维码了，关于这个火车票上的二维码的问题有很多，比如，这个二维码能不能防伪，还有火车票遗弃会不会泄露个人隐私，我们下面对照具体的火车票来分析一下。图 6-6-3 是笔者曾经乘坐过的一趟高铁火车票，自然上面留的也是笔者的个人信息，解码二维码后出现一长串数字，其中部分数字如图 6-6-4 所示。

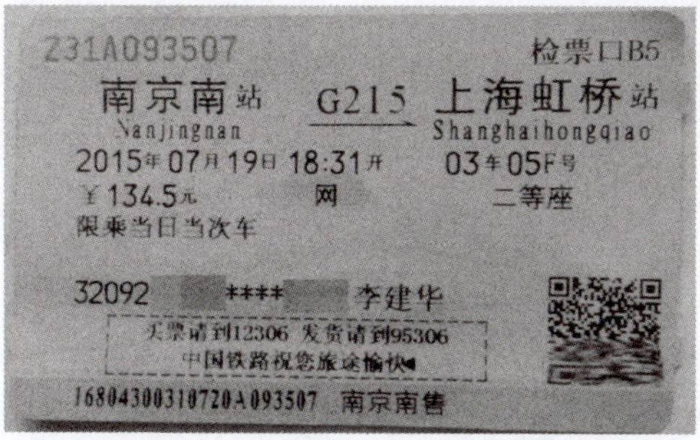

图 6-6-3　笔者用过的一张火车票

000093507108502906001655866909188
391414724097677968790362055732 92
963841712295177912913521476700 86

图 6-6-4　火车票上二维码解码出来的部分数字

通过对比图 6-6-3 和图 6-6-4 我们发现，其中仅有数字“093507”和火车票上票号（见图 6-6-3 左上角数字串）中含有的数字一致，其余信息无法判断。实际上这个二维码对应的字符串是加密过的，我们用通常的解码软件只能解出加密后的字符串，而铁路部门可以通过对应的密钥解码系统还原出对应的信息。所以，怎么说这个有防伪性呢？对普通消费者而言没有对应的解码软件无法还原信息，只有票号部分可以辅助判断，但对铁路部门而言则可以判断车票的真伪。当然，铁路部门这么做也是为了防止二维码对应内容泄露个人隐私，因此，我们倒不必担心透过二维码泄露个人隐私。只是目前火车票上的身份证号仅隐藏了出生月日对应的 4 位数字，考虑到个人的生日信息相对容易公开，笔者建议可以多隐藏几位，比如再隐藏身份证最后 4 位中的部分字符。

另外，一个关于火车票的问题，是二维码凭证刚发展的时候提出来的，实际上现在已经不存在这个问题了。这个问题是是否可以通过二维码凭证验票的方式乘车，即类似其他门票类的二维码凭证应用，直接扫二维码验证通过进站。其实，前面也讲过，火车票需要在短时间有大客流验证，因此，用二维码的效率是跟不上的。现在网上购票后除了用身份证换实体票外，有的车站还可以直接使用身份证验证进站，对比而言，二维码没有身份证普及，而且二维码的验证速度也没法和身份证比。

此外，现在有很多汽车站推出了二维码电子车票，乘客可以网上订票，然后车站发二维码车票凭证给乘客。其实，大部分也是需要乘客将二维码凭证通过机器换成实体汽车票的。航空公司二维码自助值机的方式也大多是用二维码换取登机牌，再通过登机牌乘机的。

6.6.3　公交站牌上的二维码

如图 6-6-5 所示，在上海的很多公交站牌上都有二维码，扫描二维码可以看到车次和下班车预计到站时间，如图 6-6-6 所示，非常方便。这个二维码笔者是用 Scanlife 直接解码访问的，当然，用微信也可以访问，只是微信解码出来的是一个网址链接而不是直接访问，可以再将链接复制到浏览器中打开，也同样能看到图 6-6-6 中对应的车次及到站时间信息。

很多人等车的时候显得比较着急，不断朝来车方向看车来了没有，到底什么时候来，尤其在上班高峰的时候比较明显。而有了这个二维码，来车时间一目了然，知道什么车能来，心里有底不用着急。假设到达的时间较久，上班时间又很赶的话，可以考虑更换其他交通工具。图 6-6-6 手机界面上的时间每隔几十秒钟会自动刷新，让乘车人可以看到最新的时间。此外，界面的信息均是文字，耗用流量较少。

图 6-6-5　公交站牌上的二维码

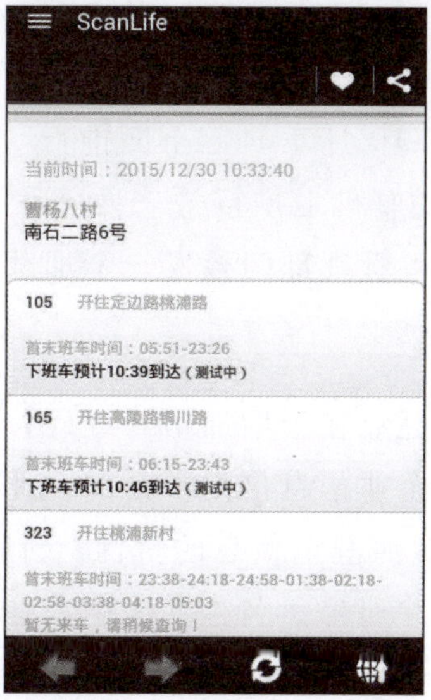

图 6-6-6　公交站二维码扫描结果

当然，也可以用显示屏的方式显示预计到站时间等信息，只是这种方式成本比较高。用二维码的方式相当于让乘车人的手机成为显示屏，成本相对低很多。另外，还可以通过安装 APP 的方式查看下辆班车到站时间，只是又要安装 APP，手机上的 APP 已经挺多的了，特意为了这个安装 APP 似乎接受度不高。

6.6.4 营业执照上的二维码

国家工商总局于 2014 年 2 月 26 日公布了新版营业执照的样式，并定于 2014 年 3 月 1 日开始启用，从此以“三证合一”为核心的商业制度改革全面实施。三证合一即“三证”合“一证”，即将原有的营业执照、组织机构代码证和税务登记证这三种证件合并到一张营业执照里。但彼时的营业执照虽然是一证，但“一证三号”，即一张营业执照上同时印有营业执照编号、组织机构代码和税务登记号。

在此基础上，2015 年 10 月 1 日起全面推行“三证合一、一照一码”改革。在此前“三证合一”的基础上推行“一照一码”，即取消了组织机构代码和税务登记号，由工商行政管理部门核发一个加载统一社会信用代码的营业执照。

新版营业执照的一大亮点在于增加了二维码，只要扫描二维码就可以和国家工商总局新建的全国企业信息信用平台的企业基本信息相对照，也就是说可以“码”上检验营业执照登记信息的真伪。新版营业执照样本如图 6-6-7 所示。新版营业执照含有注册号、名称、类型、住所、法定代表人、注册资金、成立日期、营业期限、经营范围、二维码、登记机关和打印日期等内容。

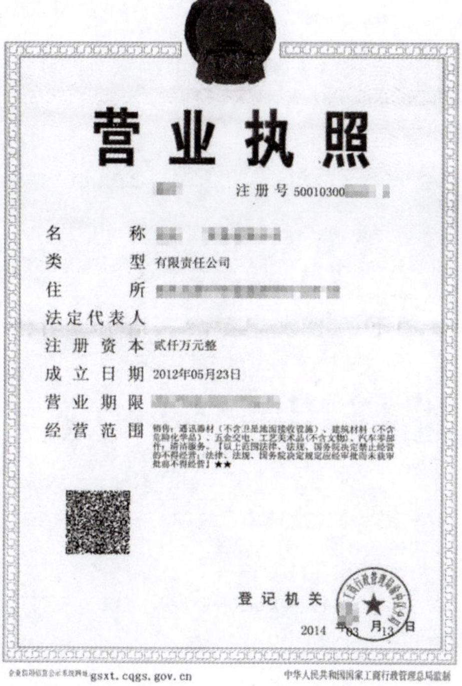

营业执照

注册号 50010300

名　　称	
类　　型	有限责任公司
住　　所	
法定代表人	
注册资本	贰仟万元整
成立日期	2012年05月23日
营业期限	
经营范围	销售：通讯器材（不含卫星地面接收设施）、建筑材料（不含危险化学品）、五金交电、工艺美术品（不含文物）、汽车零部件；清洁服务。【以上范围法律、法规、国务院决定禁止经营的不得经营；法律、法规、国务院决定规定应经审批而未获审批前不得经营】★★

登记机关

2014 年 03 月 13 日

企业信用信息公示系统网址 gsxt.cqgs.gov.cn　　中华人民共和国国家工商行政管理总局监制

图 6-6-7　新版营业执照样本

第 7 章
二维码个人端应用

本书中的二维码很多都是商业用途，虽然也有个人参与，但也多是参与商家活动的互动。本章将介绍一些较为纯粹的个人端应用，比较典型的有二维码名片、二维码情书、二维码请柬等。

7.1 二维码名片，人际交流更为便捷

二维码名片也属于扫码互动应用，但比较特殊，主要用于个人和个人之间。二维码名片是一种非常便捷的个人联系方式交换应用，只需扫码即可保存对方的联系方式，不仅是手机号码，还可以包含姓名、工作单位、邮箱、职务等更多个人联系信息，省去你输入一大串个人信息的麻烦，非常方便实用。这个二维码可以印刷到自己的个人名片上，还可以直接存在手机里，只需打开手机出示名片图片给对方扫码即可。二维码名片图片直接存在手机里省去了纸质印刷，节约纸张绿色环保，使用起来也很方便。

在移动互联网兴起之前，名片里的信息都离线保存在二维码里。用户直接扫码不用连接互联网就可以保存对方的联系方式。后来，很多商家看到了二维码名片的实用性，开发了对应的二维码名片应用，此时二维码只是一个链接代码，更多的名片信息被保存在互联网上，可以在线保存在网站里的个人账户栏目里，也可以保存到个人手机通讯录里。前面一种可以称之为离线二维码，对应的后面一种可以称之为在线（联网）二维码。

视频营销刚开始流行起来时，我们为了推广二维码名片应用，还专门拍摄了以二维码名片为核心内容的情景剧。应该讲二维码名片应用是一种典型的个人应用，而我们当时是为企业提供二维码营销服务（当然，最终是为个人消费者提供服务，但直接客户是商家），既然为企业提供服务为什么要出一款个人应用呢？这里面我们用的是一个“个人带企业”的营销思路。因为个

人应用一旦做好，量级是非常大的，品牌知名度提高，企业端的营销也相对好开展。而且，在个人端应用上直接加上企业端的联系方式，可以为企业端服务引流。现在微信里的很多测星座运气、测前世、姓氏排名等用的都是这一类思路，表面上都是一些吸引人的游戏、测试、比赛或者看排名等，与提供这些应用的公司的业务不太相关，甚至毫无关系，但都会加上“更多精彩内容，到某某某查看”之类的内容，为企业的业务引流。这类互动应用可以在后台对一些数据指标做监测，根据数据对活动效果进行判断，参与活动的用户量级大了以后，能够产生一定的效果。

如图 7-1-1 所示是本人的二维码名片，大家可以扫描保存在通讯录备用联系。保存时会让选择保存在 SIM 卡里还是手机里，大家都可以试一下。一般是保存在手机里，因为 SIM 卡里只能存放姓名和联系电话等少量信息。

第五才子名片

动态二维码（联网）　　静态二维码（离线）

图 7-1-1　第五才子个人名片二维码

图 7-1-1 中右边的是静态二维码，即前面说的离线二维码，名片对应的信息都放在二维码里，二维码一旦生成，名片对应的信息就固定了，好处是在不联网的情况下也能扫码读取名片信息。图 7-1-1 中左边的动态二维码，

即前面介绍的在线（联网）二维码，此时的二维码只是一条名片的链接，联网打开看到更多联系方式，好处是在二维码不变的前提下内容可以更新（比如，换了手机号，换了工作地址等），以及名片页面可以设计得更好看，后台还能看到名片被扫了多少次等统计数据。

这里还有一个问题要说明，同样起到名片作用，但由于右侧二维码把名片内容都包含在二维码本身之内，所含内容比左侧二维码要多很多，因此，右侧二维码的密度更大，被解码的难度相对左侧的要大。就这么大的二维码而言也许二者区别不大，但如果把两个二维码都进行缩小，缩小到一个较小面积的时候，右侧的二维码会因为密度太大很难解码，而左侧的问题就不大，这也是实际应用中二维码多起链接作用的原因之一。

虽然二维码名片具有很多好处，但实际应用中并未大规模流行起来。笔者分析主要有几点原因：1. 一般互换信息的方式是先加QQ、微博、微信等社交工具账号，然后互发电子名片；2. 其他专用名片工具或社交类应用的冲击；3. 使用上相对还不是特别便捷，而操作简单是流行的最重要条件。当然，任何一个新应用最难的也就是用户习惯的培养，二维码名片也不例外，需要有一个过程。

7.2　二维码请柬，甜蜜晒出来

笔者曾经收到一个朋友的结婚请柬，上面附着一个二维码，扫描后可以看到新人的婚纱照片、视频等浪漫信息。除了看到浪漫信息，还可以看到婚宴具体位置及交通信息。同时还可以在线提交祝福给新人，以及提交参加人数等信息，便于主家安排接待。通过二维码可以看到浪漫信息，还可以起到婚宴的辅助功能，应该说既实用又新颖。而这些简单的内容都可以自己制作，现在也有公司提供免费的模板供用户使用。可以制作一个 HTML 5 婚纱照请柬页面，然后将网址生成二维码，粘贴或印刷到请柬上，或直接传送给亲朋好友。

类似的应用还有二维码情书，在本文的其他章节也有提及，就是在网上写好情书，然后将网址生成二维码，发给自己想表白的人，给对方一个惊喜的表达方式。

家里添了宝宝给大家发喜蛋礼盒的时候，可以在礼盒上或者礼盒里的宝宝卡上放个二维码，扫描二维码就可以看到宝宝的写真照片。这个二维码把喜蛋礼盒做活了，可以看到真实的宝宝照片，一下子新颖生动起来。如图 7-2-1 所示为贴有二维码的宝宝卡样例。

图 7-2-1　贴有二维码的宝宝卡（样例）

第 8 章
二维码创意案例及思路

除了上面介绍的很多二维码的具体的营销或应用玩法，还有不少利用二维码本身特性的创意案例，本章将对其中典型的二维码案例进行介绍。除了介绍案例，更对这些案例进行分类整理，并进行思路总结，找寻案例背后的共通点，以备我们后续学习及使用。

大的案例：二维码本身就很吸引人，如果是巨大篇幅的二维码则更吸引人。现在很多靠人多量大的活动争创吉尼斯世界纪录吸引人的眼球，同样大篇幅的二维码也会吸引人的眼球。

元素构造：如果二维码由某些实物元素构成，会显得很特别，也会吸引人的目光。比如用玫瑰花构成的二维码，会不会很浪漫又显得有神秘气息？

自然结合：利用自然天气或物理元素，只有在某些情况下二维码才可以扫，有创意又好玩，比如"E-mart 的阳光二维码"案例，利用正午的阳光造成的光影效果让二维码可以扫描。

创意互动：扫二维码后出现意想不到的创意互动，这些互动往往和线下的实物有关，比如"维多利亚的内衣二维码"案例，扫码后可见穿着性感内衣的模特图片。

放的位置：东西放在哪里决定它的价值，同样二维码放在一些特殊的地方也会让人关注，比如，把二维码放在小广告上、放在墓碑上等。

不明就里：比如，在广告内容上放上一些让人摸不着头脑的话，然后在旁边放个二维码，利用人们的好奇心去扫码。

自身属性：因为二维码具有解码揭秘、科技时尚的元素标签，因而，二维码本身可以作为悬疑、前卫、科技等设计元素。

设计思路：上面的基本都是实物类的二维码创意思路，设计思路仅就二维码本身的设计而言，漂亮的二维码设计，同样很吸引人。

下面我们将带着案例，详细介绍这些二维码在创意营销中的思路。

8.1　有容乃大，巨型二维码吸引大目光

在大的思路上做文章，这很好理解，就是要利用可用的资源，搞一些很大的二维码吸引关注。甚至搞一些最大面积的由某某构成的二维码，并去申请吉尼斯世界纪录继而吸引媒体及公众的目光。大的思路往往是大投入引发大关注。

2012 年 12 月 31 日，腾讯制作了巨型二维码蛋糕迎接 2013 年新年的到来。如图 8-1-1 所示，该蛋糕占地 36 平方米，约 3 吨重，由 25 位技术熟练的蛋糕师耗时 10 小时完成，总共由 2 万块小蛋糕组成。这个二维码蛋糕的原材料也不菲，共消耗了 750 公斤淡奶、730 公斤奶酪、245 公斤巧克力、390 公斤黄油和 600 公斤蛋清。

图 8-1-1　巨型二维码蛋糕迎新年（图片来源于网络）

这个二维码蛋糕据称当时还申请了吉尼斯世界纪录，不知道最后有没有

申请成功，不过这已经不重要了，因为新的更大的二维码蛋糕已经出现了。2015 年 12 月 19 日下午，大梅沙奥特莱斯制作了巨型二维码蛋糕。蛋糕食材按照食品要求，采用进口面粉和新鲜鸡蛋制致而成，蛋糕长度为 8.39 米，宽度为 8.41 米，总面积为 70.56 平方米，如图 8-1-2 所示。这个二维码蛋糕从面积上讲已经超过之前的 36 平方米，而且超过了近一倍。

图 8-1-2　面积超过 70 平方米的二维码蛋糕

2.8 万方平米的二维码玉米地，打个飞的去扫码

相比前面几十平方米的二维码蛋糕，这个二维码玉米地达到了惊人的 2.8 万平方米，要扫这个二维码需要乘坐直升飞机才行。而且据称这块玉米地也被正式收录进了吉尼斯世界纪录，成为当时世界上最大的二维码。

这块二维码玉米地出自加拿大的一对农民夫妇 Kraay 与 Rachel 之手。他们在翻看杂志的时候看到上面有不少二维码，于是，突发奇想计划将他们自家农场的玉米地改造成二维码的形状。这个二维码中包含的信息就是自家农场的网站，有人在乘飞机路过时拿手机对着这块地一扫，就可以自动跳转到该网站。这块玉米地构成的图案中不仅包括了他家网站的二维码，还有“KARRY FAMILY FARM”字样，也算是给自家的农场做了一个品牌传播。这个创意不错，但相信大多数人即使有了这个创意也实践不了，因为首先你得有一大块玉米地。这对夫妇将之付诸行动，他们最终在一块面积达 10 英亩的玉米地上真的种出了如图 8-1-3 所示的二维码，二维码的面积达到了 2.8 万平方米。

图 8-1-3　KRAAY 农场二维码图样

这么大的二维码只能乘坐飞机来扫了，他们也真的弄了飞机来扫码。想知道真的乘坐飞机扫码是一种什么感觉？请扫描图 8-1-4 所示二维码观看飞机上扫描这个二维码玉米地的视频。

图 8-1-4 扫码观看飞机上扫描玉米地二维码的视频

据新华社 2015 年 6 月 1 日报道，河北泊头 32 岁小伙徐河带领自己的麦萌团队“种出”了 36100 平方米（190 米×190 米）的麦田画二维码。这块二维码被吉尼斯世界纪录认证为世界上最大的可被有效识别的二维码，成功刷新此前由加拿大一农场保持的 28760 平方米的纪录。如图 8-1-5 所示为航拍的麦田二维码图案。

图 8-1-5 航拍的麦田中的巨型二维码（图片来源于网络）

8.2　实物元素设计构成

前文介绍的巨型二维码因为需要消耗足够多的人财物力，不是每一个人都有能力去弄的，但我们可以做一些利用某些元素构成的二维码，同样能达到引人关注的效果。也许不像图 8-1-1 中的巨型二维码蛋糕那样耗费较大，但像图 8-2-1 中的二维码蛋糕还是相对好实现的。

图 8-2-1　具有二维码图案的蛋糕

2014 年 5 月 19 日，云南野生动物园的明星大熊猫思嘉与 2 万余朵鲜花组成巨型二维码，方便游客了解动物园的各类活动消息。如图 8-2-2 所示，这个巨型二维码高 6 米，选用 2 吨玫瑰和康乃馨组成。当然，这个案例同时兼具特殊元素构成及巨型两个特点，可以作为参考，其实，用少量的鲜花也可以组成二维码效果。巨型二维码往往都是由一些特殊材料构成的，因此，8.1.1 节的巨型二维码往往也具备某种实物元素构成的特点，但其主要特点在于大，而本节的特点在于实物元素构成。

图 8-2-2 由鲜花构成的二维码（图片来源于网络）

如图 8-2-3 所示这样用巧克力豆或啤酒瓶盖子构成的二维码应该就相对比较容易操作了，其实弄起来也并不容易，笔者说的容易是相对前面那种巨型二维码而言。

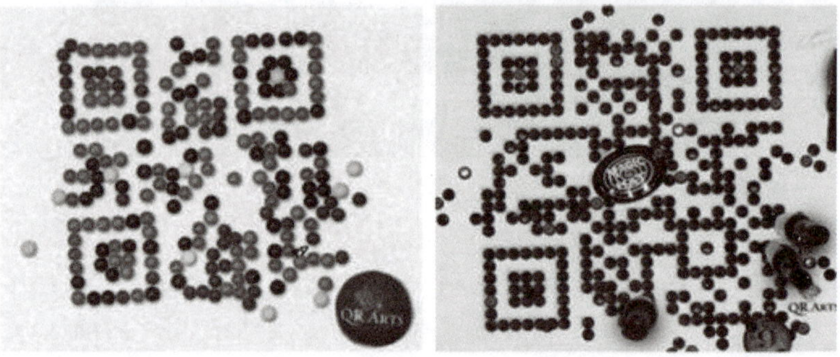

图 8-2-3 由巧克力豆（图左）、啤酒瓶盖（图右）构成的二维码

如图 8-2-4 所示，巴西城市里约热内卢在一条人行道上铺设了由黑白石头拼成的二维码，为游客提供关于这座城市的相关信息。

图 8-2-4　石头铺就的二维码

8.3　天作之合，二维码和气象、物理等自然元素结合

这一思路是借助二维码和气象或物理等自然元素构成奇妙的效果。这些案例中在通常情况下是没有二维码的，但利用一些物理或自然特性，在特定条件下虚实结合而成极具创意的二维码，奇特又好玩。这一类二维码应用中的二维码因为在一般情况下是看不到的，因此也被称为隐形二维码。

比如吉尼斯（Guinness）啤酒的二维码啤酒杯，当杯子是空的或装入浅色啤酒时，二维码是无法识别的，如图 8-3-1 所示。只有装入如黑啤一类的深色饮料时，二维码才可正常读取，如图 8-3-2 所示，这个创意可乐品牌倒是可以效仿的。

图 8-3-1 杯子为空或装入浅色饮料，二维码无法读取

图 8-3-2 杯子里倒入深色饮料时，二维码可以读取

这一啤酒杯二维码案例被称为由特定产品才能激活的二维码。此外，韩国 E-mart 超市的光影二维码和菲律宾宿务航空的雨滴二维码，都是利用自然元素参与的二维码创意经典案例。

8.3.1 E-mart超市光影二维码，给二维码点阳光就会灿烂

韩国E-mart超市的光影二维码案例可谓是二维码营销案例中的经典，是一次奇特而大胆的尝试。这个案例利用实物雕像和雕像的阳光投影构成图案，只有正午的光影图案构成了可扫描的二维码。而正午时间恰好是白领午饭外出的时间，这个奇妙创意吸引了白领参与，提升了午间闲暇时段的超市销售业绩，同时也提升了品牌影响力。这个二维码，我们这里称为光影二维码，也属于隐形二维码的一种。

韩国新世纪集团旗下的E-mart超市成立于1993年，是韩国最大的综合性连锁超市。E-mart在2006年收购了沃尔玛韩国门店，成为韩国折扣零售业的领军者。但令这位韩国零售业巨头苦恼的是，每天午间时段各个分店门可罗雀，销售额急剧下降。如何提高午间时段的销售额一直是E-mart市场部门急需攻克的难题，为此他们制定了提高12:00—1:00午间时段的销售额的目标，要在这段时间为顾客提供愉快、便捷和实惠的购物体验。

E-mart超市与韩国Cheil Worldwide广告公司合作，推出“Sunny Sale”二维码营销活动，该活动持续了三个月时间。这个创意巧妙地利用午间12点至1点的阳光，设计出仅在午间阳光照射下才可正常扫码的二维码雕像。二维码会引导顾客自动进入“Sunny Sale”午间限时促销平台，提供优惠券、限时打折、免费送货等促销活动，鼓励顾客在午间从网上或前往实体店购物，从而提高午间销售额。

如图8-3-3所示，这个二维码雕像是用144块底面积为$21\times21cm^2$，长度不一的长方体组合而成的。为了使中午阳光照射后形成的阴影与雕像恰好组成可以识别的二维码，每一个长方体的高度都是经过精心计算和测量的。

图 8-3-3　二维码立体雕像

图 8-3-4　不同时间点的雕塑和阳光成像图

如图 8-3-4 所示，不同时间点雕塑和阳光的成像图片，只有 12:00—1:00 时段的阳光照射在二维码雕像上，阴影与雕像形成可以扫描的二维码。每天 12:00—1:00 时段，顾客使用手机扫描 3D 二维码雕像，便可以进入 E-mart 的"Sunny Sale"网页，不仅可以获得 12 美元优惠券，还可参加午间竞拍、午间限时优惠等多种午间促销活动。在线购买的商品会由 E-mart 直接送至顾客指定地址。简洁、明快、一站式的网上购物体验，以及免费送货服务突显了“便捷”的主题。同时，顾客既可以在手机上完成所有购买操作，也可前往不远处的实体店享受同样的优惠活动。E-mart 在为顾客提供多种购物选择的同时，也增加了午间销售额。

自 2012 年 2 月 1 日至 2012 年 2 月 29 日，设立“3D 二维码雕像”的门店由 13 家增加至 36 家，顾客累计使用午间优惠券 12000 张，E-mart 网上购物平台注册用户增加了 58%，午间销售额增加了 25%，商业效果显著。“Sunny Sale”营销活动获得本土及国际媒体广泛报道，获得 2012 年戛纳创意节钛狮奖、伦敦国际奖（London International Awards）、新加坡 Spike Asia 创意大奖等多项大奖。

与我们往常思维里的二维码不同的是，这个案例中的二维码不是平面的，而是立体的，是由很多长方形的柱体构成的，柱体的顶端构成二维码中的白色部分，而柱体的投影则构成了二维码的黑色部分。可以扫描如图 8-3-5 所示的二维码，观看 E-mart 超市光影二维码案例，可看到视频和 GIF 动画效果。

图 8-3-5　扫二维码观看 E-mart 超市光影二维码案例视频及动图

8.3.2 宿务太平洋航空的雨代码，只有在下雨天才能看到的二维码

我们一直讲发现用户痛点，然后在用户“痛的时候”看到我们的产品并看到“去痛”的希望，则我们的产品就能深深地印在用户脑海里。菲律宾宿务太平洋航空的雨代码就是这样一个案例，这个二维码只有在下雨雨滴充分的时候才能看到，内容是菲律宾阳光多，让人们在遭遇下雨不便的时候，看到阳光的希望。可以想象一下这个广告的设计对白：“下雨好烦人，想去阳光之地吗？”，“当然”，“那乘坐宿务太平洋航空的飞机过去吧！”

宿务太平洋航空 1996 年进军航空市场，在菲律宾本地航空业率先采取“低价、超值”策略，是菲律宾第二大航空公司。宿务太平洋航空 2001 年 11 月开通香港航线。航空公司碰到的问题是：怎样宣传才能有效传播自身的特点优势，并且快速激发人们出门的欲望呢？菲律宾宿务太平洋航空在香港推广的“雨代码”案例，是一个利用天气的好案例。

香港的季风气候让人头疼，多阴雨少见晴天，到处都湿漉漉的。人们从心底想到阳光明媚的地方晒一晒。这不正是美丽宿务最好的毛遂自荐的时机吗？但是面对多家航空公司的激烈竞争，一家低成本航空公司如何出奇制胜呢？拼不过实力就拼智商！宿务太平洋航空想出了一个妙招——你有 raincoat（雨衣），我有 rain code（雨代码）。“下雨太烦人？快扫二维码，来菲律宾跟阳光做游戏吧！”宿务太平洋航空利用防水喷漆在马路上喷二维码，晴天的时候这个二维码是隐形的，一下雨雨滴充分的时候就显现出来。如图 8-3-6 所示，二维码上简洁的文字告诉正在阴雨天气中烦闷不已的大众：菲律宾现在是大晴天！大家只要拿出手机，扫描“雨代码”，就能马上进入宿务太平洋航空的官方网站，即时买票，来一场说走就走的旅行。

图 8-3-6　雨代码在下雨天呈现的效果

相比前面的 E-mart 光影二维码，雨代码不仅相对制作简单，更是有实际意义，因地制宜让用户在下雨时想阳光的时候才可以扫码。活动期间，宿务太平洋航空的官网订票量增长了 37%。宿务太平洋航空不仅将天气与产品特点巧妙结合，更在营销活动中利用互联网元素，让需求即时转化，提供高变现率，让活动爆发强大的效果。扫图 8-3-7 中的二维码即可观看雨代码活动视频。

图 8-3-7　扫图中二维码观看雨代码视频

这个创意真的好吗？下雨天不是要加快脚步走吗，哪个神经病会在下雨的时候停下来去扫码？很多创意起不到直接的推动作用，但能够起到品牌推广作用，这个案例通过巧妙创意打动你的内心，让你记得这家航空公司的品牌，也许下次乘飞机会考虑乘坐他家的飞机，这就是这个创意案例的作用所在。

8.4 互动出惊喜结果

这个思路是通过扫码互动出现比较特别的效果，这些效果往往是扫码后的屏幕图样和实景对比产生的。比如，扫码维多利亚的秘密的“诱惑”二维码，就可以看到维密天使的性感照片！下面将介绍这类互动出惊喜结果的案例。

8.4.1 维多利亚的秘密内衣“诱惑”二维码

维多利亚的秘密（后简称维密）是一款知名内衣品牌，每年都有的维密天使秀吸引了时尚界的目光。维密的诱惑二维码就是在模特的私密位置上覆盖二维码，然后扫码可以看到模特的性感照片，即通过模特的性感照片吸引用户参与扫码，如图 8-4-1 和图 8-4-2 所示。

图 8-4-1 维密诱惑二维码（一）

图 8-4-2　维密诱惑二维码（二）

这个思路其实有很多可用之处，也比较容易实现。比如，2015 年上映的电视剧《武媚娘传奇》因为露胸太多惨被剪成大头照，其实也可以考虑用二维码遮胸，当然这是个思路，要根据具体情况灵活运用！这个思路的创意我们也曾经做过，就是将一些图片的部分用二维码遮挡，然后吸引用户扫码观看原图，因为原图都很有特点让用户意想不到。如图 8-4-3 所示，看起来是一个美女，不过扫描二维码后将看到美女发出的恐怖场景。仅作为参考案例，提示胆小者及有健康不适者，不要扫描此二维码！

图 8-4-3　扫码互动效果，效果恐怖，慎扫

8.4.2 福特汽车二维码互动案例

以色列 Saatchi 公司为福特汽车设计了二维码平面交互广告，这个广告被投放在报纸上。在广告里有很多实体的汽车或者路面图样，并在这些图样里嵌入二维码和虚线标出的手机样框。用户扫描二维码后把手机放置在样框位置，那么广告就会展示福特汽车的某个技术特性，比如倒车技术、前车检测技术或后座调整等技术特性。

扫描图 8-4-4 中的二维码，就可以看到福特汽车的某个动态特性。把手机置于虚线标出的手机样框里，那么手机里的动态广告画面就和报纸里的画面完美融合，虚实互动且结合，创意十足。由于用图片还无法看到完整的动态互动效果，可以扫描图 8-4-5 中的二维码观看视频呈现的动态互动效果。

图 8-4-4 福特在报纸上投放的二维码互动广告

图 8-4-5　扫描图中二维码观看福特汽车互动效果案例

8.4.3　Lacta 让二维码传情，据说巧克力和二维码更配哦

2015 年情人节期间，希腊巧克力品牌 Lacta 推出了一款包装上带二维码的巧克力。如图 8-4-6 所示，用户扫描巧克力包装上的二维码后，可以把自己想说的情话输入进去，然后把巧克力送给想要送的那个人。那个人扫描二维码后就可以看到你的心意了，浪漫扫出来，再也不怕爱你在心口难开了，据说勾搭妹子成功率大幅提高。

图 8-4-6　二维码传情案例（图片来源于网络）

最后整个活动取得了 75000 个信息交换与 600 万视频传播的好成绩，看来巧克力和二维码更配哦！扫描图 8-4-7 中的二维码即可观看浪漫视频。

图 8-4-7　扫码查看二维码传情视频

8.5　二维码放在哪里

我们应该都听过这样的例子，一瓶矿泉水在超市里卖 2 元，但放到五星级宾馆里可能要卖 20 元。抑或一根绳子，绑上白菜就是白菜价，绑上螃蟹就是螃蟹价。这就是位置决定价值理论。同样，将二维码放在不同的地方，就会有不同的吸引力。

8-5-1　美女胸前的二维码

比如，把二维码放在美女胸前，如图 8-5-1 所示，自然扫码者众多。反之，如果放在一个身材模样普通的男人身上，扫码者就寥寥无几了。这也是利用了人性贪婪好色的弱点。

如图 8-5-2 所示为放在小广告上的二维码，将二维码这种新科技的东西和有城市牛皮癣之称的小广告这两样完全风马牛不相及的东西放在一起，跨界喜感创意十足。当然，这不是一个真正的小广告，而是某网站的炒作。提这个案例是觉得创意不错，这是我们要学习的思路，当然炒作要有限度，不能低俗。这里的二维码被笔者替换成了公众号“马上开心”的二维码。

图 8-5-2　小广告的二维码

此外，出现在纸币、邮票等处的二维码，也会吸引用户的目光，如图 8-5-3 所示为列支敦士登在 2011 年发行的一枚邮票上的二维码。

图 8-5-3 邮票上的二维码

8.5.1 奶牛身上的二维码

英国的一家农场推出了一项新的农业技术，为奶牛的身体喷上专属二维码。前来参观农场的参观者或顾客只需要用手机对二维码进行扫描就可以链接到奶牛的专属页面，能够非常直观地了解奶牛的真实生活状况和健康状况，看到这头奶牛的详尽信息，比如它的出生日期、体重、身高，以及它的产奶量、最喜欢的食物，还有农场平常如何照料它的相关视频。此外，还能通过链接看到其他奶牛的信息，这对于农场是一种很好的推广。

图 8-5-4 制作二维码的场景

名为“三叶草”的奶牛是第一头印上二维码的奶牛，农场主将它的照片发到了英国各大社交网站上，引发了广泛的关注。据农场主介绍，之所以会选择将二维码印在牛身上，如图 8-5-4 所示，是为了给顾客提供更多关于奶牛的信息方便选择购买。农场主参观过很多大型农场，发现了共同问题——关于奶牛的介绍微乎其微，除非你主动开口问，否则你永远不知道这头奶牛一天能产多少奶。而农场主想要帮助顾客更亲近他们即将购买的奶牛，因此，选择了做第一个吃螃蟹的人。现在，几乎每个人手上都会有一部智能手机，这也保证了人们能够用最短的时间了解“三叶草”的一切。总之，奶牛身上有了二维码，能为顾客提供足够的便利，要做的就是尽一切可能去帮助顾客。如图 8-5-5 所示，有农场来访者通过扫描奶牛身上的二维码了解奶牛的相关信息。

图 8-5-5　农场来访者扫描奶牛身上的二维码

8.5.2 二维码墓碑，国内也有了

通过扫描墓碑上的二维码可以看到逝者生平事迹及图片影像资料，音容笑貌宛若眼前，是一个不错的凭吊缅怀先人的方式。二维码墓碑的一大功能是对逝者的生平有个记录，供逝者亲属对逝者有较为全面的了解，长此以往还能子子孙孙传承下去，而口口相传则容易遗漏。

较早的二维码墓碑应用出现在日本，2008 年日本墓碑商 Ishinokoe 推出了一种新的墓碑，如图 8-5-6 所示，用户只需用手机扫描墓碑上的二维码便能够获得逝者的生平信息。该墓碑于当年 4 月 1 日上市，售价在 100 万日元左右，约合 9818 美元。Ishinokoe 把二维码锁于墓碑门后，只有逝者家属用钥匙打开墓碑门才能看到二维码并扫码。亲属们也可以通过系统查询最近通过二维码扫墓来访的人。

图 8-5-6 日本墓碑里的二维码

之后，欧美的墓碑上也出现了二维码。如图 8-5-7 所示为美国一处墓碑上出现的二维码。

图 8-5-7　美国一处带二维码的墓碑

目前，国内也有了二维码墓碑，扫墓也真的成了“扫”墓。考虑到部分逝者家属不愿意公开逝者信息，可以将逝者信息设置为公开部分和不公开部分，不公开部分可通过输入密码进行访问。结合现在网络凭吊的方式，可在线完成献花及点蜡烛等凭吊形式，相对环保。逝者毕竟已不在，大家在凭吊逝者的同时，更应该多珍惜生者，对长辈们好一些，多看看多聊聊多给些温暖，莫等子欲养，亲不在，留下无法挽回的遗憾。

目前，国内有多家专门做二维码墓碑的服务商。考虑到在墓碑上雕刻二维码实施不便，通常的方式是制作二维码牌给购买客户，然后，客户粘贴到对应逝者的墓碑等处。二维码墓碑除了可以祭奠先人外，还可以建立家谱或族谱信息，让更多家族信息传承下去。

据现代快报 2016 年 3 月 17 日报道，当前城市墓园用地日趋紧张，城市规模扩张与土地供应不足的矛盾逐渐凸显，死人与活人争地已成不争的事实，如何合理地、最大化地开发土地资源成了一个重要问题。南京雨花功德园推出节地葬——3D 生态云葬，如图 8-5-8 所示。“3D”代表着从多层次全方位利用空间，“生态”代表所有石头都是采用原生态的花岗岩大理石材料。“云”

代表铜面板墓盖上有可访问云端的二维码。铜面板上的二维码和服务器连接，通过扫码可以进入网上纪念馆。纪念馆里面可以为逝者建立个人主页，上传他的照片、生平简历、记录家人对他的哀思等，突破了以往在墓碑上篆刻墓志铭的传统方式，也与时下主流的云技术相连接。

图 8-5-8　二维码墓碑（图片来源于网络）

8.6　不明就里，好奇心驱动扫码

如果把这个二维码的功能说得很清楚，则大家也未必有兴趣去扫。但如果在一段莫名其妙的话旁边，加上一个二维码，那么强烈的好奇心会驱使大伙去扫码。比如，你在报纸广告上放上二维码，并配上文案“非千万富翁勿扫”或者“未成年人勿扫”，估计扫码的人反而更多。

如图 8-6-1 所示，某保健品在南方都市报上投放的一个二维码悬念广告，只是说悬赏百万寻找 720 天沉淀的美丽，如果不扫码并不知道是哪家投放的，通过不明就里加重金悬赏吸引用户扫码查看。当然，因为这个活动结束已久，该二维码对应的内容及活动已结束，甚至连该服务器虚拟主机服务都已被停止。这也是二维码面临的一个问题，二维码还在，二维码对应的链接可能已经无法访问了。当然，在互联网上很多网页随着时间流逝而不能被访问也是一个正常现象，甚至很多知名网站的网页也会因为网站倒闭、改版或历史信息清空等原因导致网页无法访问。

图 8-6-1　悬赏百万寻物启事二维码报纸广告

还有比如在网络上流行的“凶手就是”二维码，如图 8-6-2 所示，要知道凶手是谁必须要扫码查看。当然，实际上遇害者没必要也没空更没心情非要搞一个复杂的二维码来提示凶手是谁，直接写出凶手名字不就完事了，所以说这只是个供参考的思路。

图 8-6-2 网络上流行的“凶手就是”二维码

8.7 二维码本身就是一种元素

因为二维码具有解码揭秘、科技时尚的元素标签，因而，二维码本身可以作为悬疑、前卫、科技等设计的元素。在这些设计中，二维码可能同时可以解码，也可能仅作为装饰而不能解码。

如图 8-7-1 所示为电影《烈日灼心》海报上的二维码，二维码已经经过变形处理，实际上这个二维码已经扫不出内容了。这里的这个二维码只是用作装饰，利用二维码需要解码的特点，契合这类悬疑题材类型电影的主题，也勾起人们观看电影解码秘密的欲望。海报中的上映日期是 2014 年 11 月 21 日，实际上该片因剧中演员高虎吸毒事件影响而推迟到了 2015 年 8 月 27 日才上映。

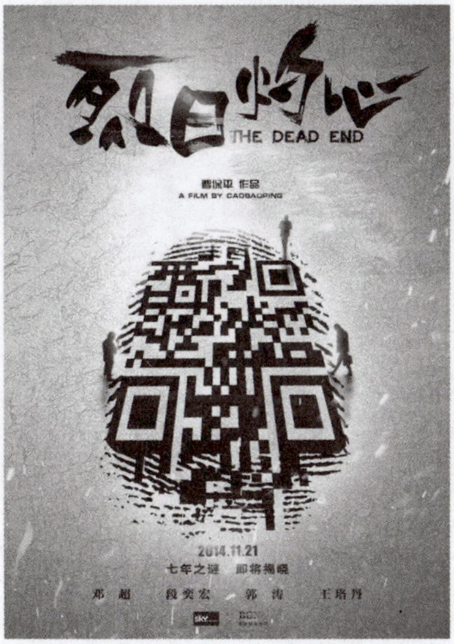

图 8-7-1　电影《烈日灼心》带二维码元素的海报

二维码、二维码、二维码，密集恐惧症者慎入

在 2012 年的威尼斯艺术双年展上，由 50 个国家各自搭建的展厅都有着代表他们自己国家的色彩。俄罗斯选择的创意最引人注目，他们的展厅从头到尾都充满着二维码（QR 码）。当进入这个名叫 Skolkovo 的展厅时，工作人员会呼吁参观者用手上的 iPad 来对二维码进行扫码，链接到展厅的内容后可以看到莫斯科郊外一个叫 Skolkovo 的未来城市的规划。展厅里的二维码可谓铺天盖地，令人目不暇接、眼花缭乱……前方高能，密集恐惧症者慎入！

如图 8-7-2 和图 8-7-3 所示为完全由密密麻麻的二维码构成的展览。从美观角度而言密集二维码并不算美观，但作为一个展览，密集二维码的震撼感及科技感还是不错的。

图 8-7-2　完全由二维码构成的展览（一）

图 8-7-3：完全由二维码构成的展览（二）

8.8　二维码设计思路

上面的二维码几乎都是实物二维码案例，本节我们来讲解一些二维码设计方面的思路，好的二维码设计也同样很吸引人。前面讲的实物元素设计构成案例里的二维码指的是用实物构成的二维码，这里的二维码是设计出来的二维码，当然，两者都要求有创意，设计比实物构成实现起来相对容易一些。如果能设计得很漂亮，同时也能有实物互动方面的创意，则效果更好，但需要考虑流程及图案简洁，不要太复杂。除了下面这些二维码设计思路外，后面介绍的彩码和视觉码等也有在二维码图像设计上着力。

五彩缤纷法：这个方法其实之前也有过介绍，多样色彩的二维码同样可以被识别，且因为颜色丰富多彩使得美观度大大提升。

局部替换法：利用二维码部分被遮挡仍可识别的特点，将二维码的局部用其他图案，如公司 Logo 或物体图案进行替换融合。可以在二维码中心或周边等局部进行遮挡、替换、融合等操作，如图 8-8-1 所示，在二维码局部融入小象图案，让原本单调的二维码活泼起来。

图 8-8-1　在二维码内局部融入小象图案

图案融合法：这种方法使得二维码成为其他图案的一部分，并能和整体图案有机融合。如图 8-8-2 和图 8-8-3 所示，二维码和周边图案分别构成了一个行走中的人形图案和树木图案，二维码成为了图案的一部分。图案融合的方式很多，还可以构成比如心形、卡车、钻石、面条、水滴等各种图案。

图 8-8-2　二维码和周边图案构成行走中的人形图案

图 8-8-3　二维码和周边图案构成树木图案

元素设计法：这和实物元素设计构成类似，只是这里仅仅是在图案设计上，而不是在实物元素构成上，如图 8-8-4 和图 8-8-5 所示，整个二维码分别是用游戏愤怒的小鸟和蝙蝠的相关元素构成的。通过这些元素构成了游戏场景、生活场景等图案样式，应该说元素构造方式是二维码设计里较为高级的设计方式，因为二维码是由场景元素构成，所以更接近真实的场景效果。

图 8-8-4　由愤怒的小鸟的元素构成的二维码

图 8-8-5　由蝙蝠造型构成的二维码

如图 8-8-6 所示的二维码构成了一个类似猫头鹰的鸟类图形形状，而且该二维码可以正常扫描，这也是笔者觉得不错有创意的二维码设计。

图 8-8-6　猫头鹰形状的二维码

第 9 章
二维码相关问题

此前章节都是二维码营销或应用方面的介绍，本章节将介绍一些和二维码相关的问题。了解这些，将有助于我们了解及应用好二维码。

9.1 二维码编码方式（码制）

之前的章节介绍过，目前主要应用的二维码就是 QR 码，但实际上二维码码制还有很多种。国外对二维码技术的研究始于 19 世纪 80 年代，累计已研制出多种二维码码制（又称二维码表示技术），常见的码制有 QR Code、Data Matrix、PDF417、Code 49、Code 16K、Code One 等。这些二维码码制各有其特点和用途，本章节将会介绍一些常用码制的基本公开信息，但对深入的编码技术细节不做探讨。

国际自动识别制造商协会 AIM 和美国标准化协会 ANSI 已完成了 QR Code、PDF417、Code 49、Code 16K、Code One 等码制的符号标准化研究工作。国际标准技术委员会 ISO 和国际电工委员会 IEC 还专门成立了条码自动识别技术委员会，代号为 ISO/IEC/JTC1/SC31。条码自动识别技术委员会已制定了 QR Code 的国际标准，ISO/IEC 18004：2000《自动识别与数据采集技术——条码符号技术规范——QR 码》，并起草了 Data Matrix、PDF417、Code 16K、Maxi Code 等二维码码制的 ISO/IEC 标准草案。相对应的在二维码软硬件研发及生产方面，美日等发达国家的设备制造商生产的识读设备、符号生成设备，已能够满足各类二维码应用系统的需求。

从技术构成角度而言二维码大致可分为“堆叠式/行排式二维码”和“矩阵式二维码”。其中，堆叠式/行排式二维码是由多行短截的（一维）条形码堆叠而成。而矩阵式二维码以矩阵的形式组成，在矩阵相应元素位置上用“点”表示二进制的“1”，用“空”表示二进制的“0”，由“点”和“空”的排列组合成二维码。简单理解为堆叠式二维码更接近条形码呈现条块状，而矩阵式二维码是从两个维度矩形延展而成，呈现方块状。

堆叠式/行排式：堆叠式/行排式二维码又称堆积式二维码或层排式二维码，其在编码设计、校验原理、识读方式等方面继承了（一维）条形码的一些特点，在识读设备及印刷方面和条形码技术兼容。堆叠式二维码是在条形码基础之上按需要堆积成二行或多行，由于行数的增加，需要对行进行判定，因而其译码算法与软件和条形码不完全相同。堆叠式二维码的代表码制有：PDF417、Code 16K、Code 49 等。

矩阵式：矩阵式二维码又称棋盘式二维码，它是在一个矩形空间内通过黑、白像素组合的矩阵分布进行编码。在构成矩阵的相应元素位置上，用单元元素（方块点、圆形点或其他形状）的出现表示二进制“1”，单元元素的不出现表示二进制的“0”，单元元素的排列组合决定了矩阵式二维码所代表的意思。矩阵式二维码是建立在图像获取技术、图像处理技术及组合编码原理等技术基础上的一种图形符号自动识别处理码制。矩阵式二维码的代表码制有：QR Code、Data Matrix、Aztec Code、Code One、Maxi Code 等。

此外，还有一种邮政码，主要用于邮政编码，通过不同长度的条进行编码，代表码制有：Postnet Code，BPO 4-State Code 等。

在诸多二维码码制中，常用的有 QR、DM、PDF417 等，还有一些特别码制和国产码制。此外，Maxi Code 是由美国联合包裹服务公司（UPS，United Parcel Service of America）发明的，用于快递包裹的分拣管理。Aztec Code 是由美国韦林（Welch Allyn）公司推出的。Magi Code 是由韩国二维码解决方案提供商 iconlab（圣像实验室）研发的。Quick Code 是台湾 Quickmark 公司推出的一种二维码。常见的二维码图样如图 9-1-1 所示。

图 9-1-1　常见二维码码制整理

二维码的识别主要由图像获取和图像识别（解码）等几部分工能构成，其中，绝大多数二维码识读设备采用非接触式面阵 CCD 或者 CMOS 传感器获取图像。CCD 英文全称 Charge-coupled Device，意为电荷耦合元件，可以称为 CCD 图像传感器或图像控制器。CCD 是一种半导体器件，在摄像机、数码相机和扫描仪中应用广泛，能够把光学影像转化为数字信号。

9.1.1　QR Code

QR Code 是由 Denso 公司于 1994 年 9 月研制的一种矩阵二维码符号，它具备信息容量大、可靠性高、识别速度快、可表示汉字等多种文字信息及保密防伪性强等优点。通过浏览 DENSO WAVE INCORP ORATED 官方网站，我们可以获得关于 QR 码的基本相关信息。

由于在用 CCD 识读 QR 码时，整个 QR Code 符号中信息的读取是通过 QR 码符号的位置探测图形，用硬件来实现，因此，信息识读过程所需时间很短，它具有超高速识读特点。用 CCD 二维码识读设备，每秒可识读 30 个含有 100 个字符的 QR 码。而对于含有相同数据信息的 PDF417 码符号，每秒仅能识读 3 个符号；对于 Data Matrix 矩阵码，每秒仅能识读 2 至 3 个符号。QR 码的超高速识读特性使它能够广泛应用于工业自动化生产线管理等领域。

QR 码符号规格从版本 1 的 21×21 模块到版本 40 的 77×177 模块。每提高一个版本的同时每边增加 4 个模块。

1．数据类型与容量（参照最大规格符号版本 40-L 级）。

数字数据：7,089 个字符；

字母数据：4,296 个字符；

8 位字节数据：2,953 个字符；

汉字数据：1,817 个字符。

2．数据表示方法：矩阵式表达，深色模块表示二进制“1”，浅色模块表示二进制“0”。

3．纠错能力：由低到高有 4 个等级，分别为 L、M、Q、H 级。

L 级：约可纠错 7%的数据码字；

M 级：约可纠错 15%的数据码字；

Q 级：约可纠错 25%的数据码字；

H 级：约可纠错 30%的数据码字。

4．结构链接（可选）

可用 1-16 个 QR Code 码符号表示一组信息。每一个符号表示 100 个字符的信息。

9.1.2 DM 码

二维码在国内发展的早期，在运营商主导的二维码应用中，实际使用的二维码是 DM 码，而不是 QR 码。当然，后续随着 QR 码的识读速度、存储汉字及所有者放弃专利等使 QR 码大规模普及，现在，国内的二维码应用已鲜有 DM 码的身影，只是 DM 码在电子设备管理的管理上仍有一席之地。

DM 码是由美国国际资料公司（International Data Matrix，简称 ID Matrix）于 1989 年发明的一种二维码，全称为 Data Matrix 码，曾用名 Data code。DM 码又可分为 ECC000-140 与 ECC200 两种类型，其中，ECC000-140 具有多种不同等级的错误纠正功能，而 ECC200 则透过 Reed-Solomon 演算法产生多项式计算出错误纠正码，其尺寸可以依需求印成不同大小，但采用的错误纠正码应与尺寸配合。由于 ECC200 演算法较为容易，且尺寸较有弹性，故一般 DM 码以 ECC200 类型较为普遍。

和 QR 码类似，DM 码的外观是一个由许多小方格元素所组成的正方形或长方形图形，信息储存是以浅色与深色方格的排列组合而成的，以二位元码（Binary-code）方式来编码，故电脑可直接读取其资料内容，而不需要如传统条形码的符号对映表（Character Look-up Table）。深色代表“1”，浅色代表“0”，再利用成串（String）的浅色与深色方格来描述特殊的字符信息，这些字符再串连成一个整的矩阵式码，形成 DM 码，再以不同的印刷设备印在不同材质表面上。由于 DM 码只需要读取资料的 20%即可精确辨读，因此，很适合应用在条码容易受损的场所，比如，印在暴露于高热、化学清洁剂、机械剥蚀等特殊环境的零件上，具体如电子元器件、化学制剂及机械设备上。如图 9-1-2 所示，笔记本电脑电源适配器上的 DM 码。

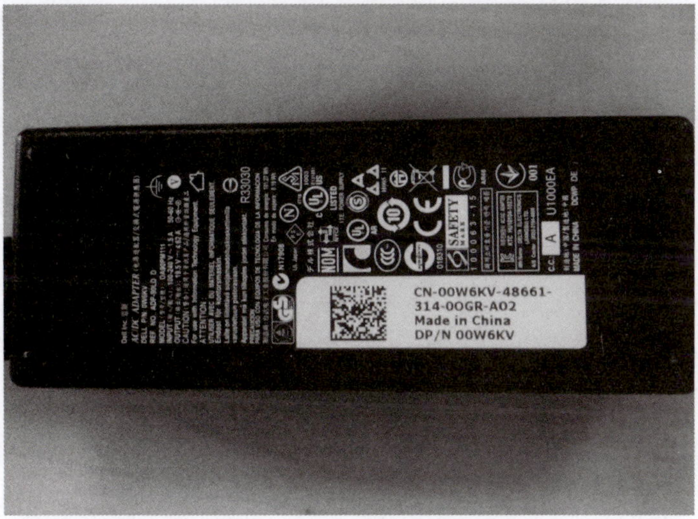

图 9-1-2　笔记本电源适配器上的 DM 码

DM 码的尺寸可任意调整，最大可到 14 平方英寸，最小可到 0.0002 平方英寸，这个尺寸也是目前条形码与二维码中最小的。此外，大部分条码的大小与编入的资料量有绝对的关系，但是，DM 码的尺寸与其编入的资料量却是相对独立的，因此，它的尺寸比较有弹性。

此外，DM 码还有以下一些特点。

1．可编码字元集包括全部的 ASCII 字元及扩充 ASCII 字元，共 256 个字元。

2．条码大小（不含空白区）：10×10 ~ 144×144。

3．资料容量：2235 个文数字资料，1556 个 8 位元资料，3116 个数字资料。

4．错误纠正：透过 Reed-Solomon 演算法产生多项式计算获得错误纠正码。不同尺寸宜采用不同数量的错误纠正码。

DM 码的定位图形：定位图形是资料区域的一个周界，为一个模组宽度。其中，两条邻边为暗实线，主要用于限定物理尺寸、定位及符号失真。另两条邻边由深色和浅色单元元素交替组成，主要用于限定符号的单元结构，也能帮助确定物理尺寸及失真。

DM 码的符号尺寸：主要有 ECC000-140 和 ECC200 两种符号尺寸。

ECC000-140：符号由奇数行与奇数列构成。符号外观为一个方形矩阵，尺寸从 9×9 至 49×49，不包括空白区。ECC000-140 符号可透过右上角深色方格识别出来。

ECC200：符号由偶数行与偶数列构成。有些符号是正方形，尺寸从 10×10 至 144×144，不包括空白区。有些是长方形，尺寸从 8×18 至 16×48，不包括空白区。所有的 ECC200 符号都可以透过右上角浅色方格识别出来。

9.1.3 PDF417 码

PDF417 码是由美国 Symbol（讯宝）Technologies, INC 的王寅敬（音）博士于 1990 年发明的。PDF 是取英文 Portable Data File 三个单词的首字母的缩写，意为“便携数据文件”。PDF417 码是在缝合算法的理论基础上开发的一种新型的行排式二维码。因为，组成条形码的每一符号字符都是由 4 个条和 4 个空构成，如果将组成条形码的最窄条或空称为一个模块，则上述的 4 个条和 4 个空的总模块数一定为 17，所以称 417 码或 PDF417 码。

自 Symbol 公司 1991 年将 PDF417 作为公开的系统标准技术后，PDF417 条码为越来越多的标准化机构所推崇。PDF417 在证件等领域使用较多，如图 9-1-3 所示为 PDF417 的一个应用案例。

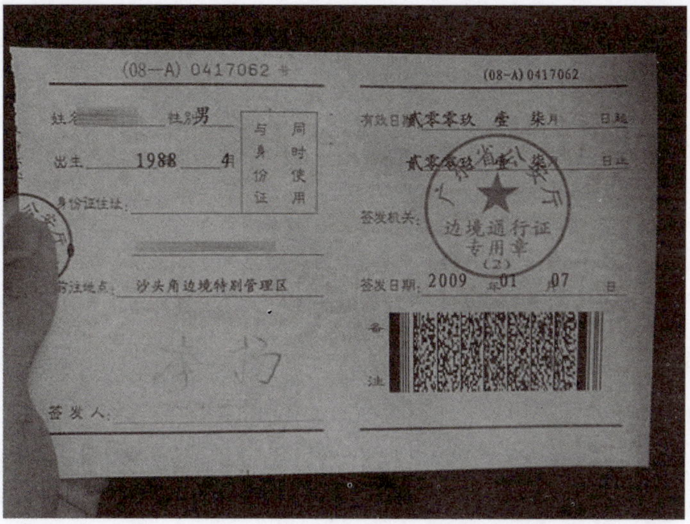

图 9-1-3　PDF417 应用案例之一

图 9-1-4　卫浴用品上粘贴的 PDF417 码

PDF417 的应用还有很多，如图 9-1-4 所示，某卫浴用品上粘贴的标签上印有 PDF417 码，如图 9-1-5 所示，福利彩票上也有 PDF417 码，这些码的作用主要是商品管理及验证功能。

图 9-1-5 中国福利彩票上的 PDF417 码

PDF417 码具有信息容量大，错误纠正能力强等诸多特点。

1．信息容量大。

PDF417 码除可以表示字母、数字及 ASCII 字符外，还能表达二进制数。为了使得编码更加紧凑，提高信息密度，PDF417 在编码时有三种格式：扩展的字母数字压缩格式下可容纳 1850 个字符；二进制 / ASCII 格式下可容纳 1108 个字节；数字压缩格式下可容纳 2710 个数字。

2．错误纠正能力。

条形码通常具有校验功能以防止错读，一旦条形码发生污损将被拒读。

而二维码不仅能防止错误还能纠正错误，即使条码部分损坏也能将正确的信息还原出来。

3．印制要求不高，普通打印设备均可打印。

4．可用多种阅读设备阅读，PDF417 码可用带光栅的激光阅读器，线性及面扫描的图像式阅读器阅读。

5．尺寸可调以适应不同的打印空间。

6．码制公开已形成国际标准，我国也已制定了 PDF417 码的国家标准。

9.1.4　国产码制：核心的东西，通常不在我们手里

我国对二维码技术的研究开始于 19 世纪 90 年代，中国物品编码中心对几种常用的二维码 QR Code、Data Matrix、PDF417、Maxi Code、Code 49、Code 16K、Code One 的技术规范进行了翻译和跟踪研究。随着我国市场经济的不断发展和信息技术的迅速升级，国内对二维码这一新技术的需求与日俱增，除了国际上常用流行的二维码外，中国厂商也研发出多款国产二维码编码方式，比如，龙贝码、汉信码、GM 码、CM 码及真知码等码制，下面我们先对这些码制做一些简要介绍。

龙贝码：龙贝码全称龙贝二维矩阵码，英文全称是 Lots Perception Matrix Code，英文简称 LP code。“LP”是英文“Lots Perception”的缩写，意为“大容量的感知”，表达龙贝码是大数据容量的矩阵码。龙贝码的样例如图 9-1-6 所示。目前龙贝码主要应用在军事安全领域。

图 9-1-6　龙贝码样例

汉信码：汉信码是中国物品编码中心承担的国家重大科技专项课题《二维条码新码制开发与关键技术标准研究》的研究成果，该课题已于 2005 年 12 月 26 日通过国家标准化委员会组织的项目验收。在汉字表示方面，汉信码可以表示 GB18030 大字符集全部 160 万码位，单个符号最多可以表示 2174 个汉字。汉信码的样例如图 9-1-7 所示。

图 9-1-7　汉信码样例

CM 码及 GM 码：GM 网格矩阵码（Grid Matrix Code）是一种正方形的二维码码制，该码制的码图由正方形宏模块组成 6×6 个正方形单元模块组成。网格码可以编码存储一定量的数据并提供 5 个用户可选的纠错等级。CM

紧密矩阵码（Compact Matrix Code）的设计目标就是为了在存储容量和数据密度等特性上取得突破，同时降低系统软硬件成本，包括打印成本和识读设备成本。GM 和 CM 码样例如图 9-1-8 所示。

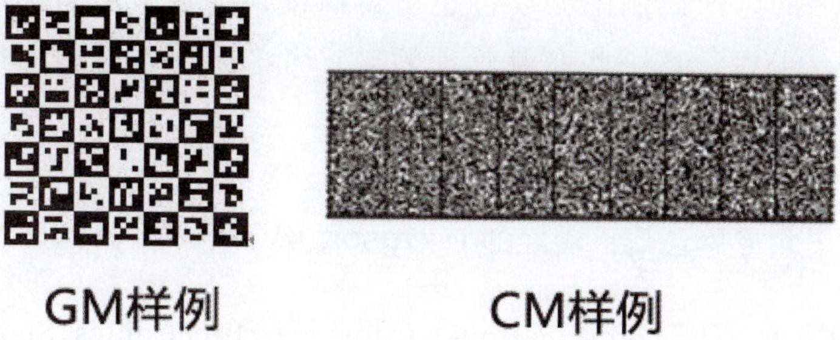

图 9-1-8　GM 码及 CM 码样例

真知码：和日本 QR 码的开源相反，真知码是一种“闭码”码制。如图 9-1-9 所示，真知码表现为带有 Z 字标识的按照不规律分布的黑白相间的平面几何图形。

图 9-1-9　真知码样例

应该说这些二维码码制除了在一些特殊用途上使用外，并未取得广泛流行。目前，市场上流行的二维码码制还是 QR 码及 DM 码等少数几种国外码制。和信息技术的其他领域一样，核心的东西，通常不在我们手机上，比如，电脑操作系统基本上都是微软 Windows 系统，芯片基本上都是 intel 或 AMD。

虽然，号称国内也研发出了国产的有自主知识产权的操作系统和芯片，但除了在特殊安全需要的行业内采用外并未广泛流行。国产码制也面临这个尴尬，有产权但市场还不够大。由于 QR 码的专利公开，QR 已被市场接受并广泛流行，开发更多的国产码制的必要性也值得商榷，毕竟，最后都是要到市场上接受检验的。当然，在一些商业管理领域，考虑到不希望普通用户参与，相对会采用一些非常用的码制。

9.1.5 微软三角形彩色码，曾经的 Microsoft TAG

在 2009 年的 CES（International Consumer Electronics Show）的国际消费类电子产品展览会上微软展示了自己的二维码——Microsoft Tag。Microsoft Tag 基于由微软研发的名为"High Capacity Color Barcodes"（HCCBs）的全新技术，采用与众不同的三角形元素和彩色来保存数据，如图 9-1-10 所示。Microsoft Tag 实际上仅存储独一无二的 ID 而不存储其他信息，而这些 ID 在条形码创建之后会自动传送到微软的服务器上，在这点上它和实际应用中的很多 QR 二维码的用法类似。

图 9-1-10　Microsoft Tag 样例

微软为 Microsoft Tag 建立了生成、解码及扫码数据等一整套系统，但市场普及程度还远不如 QR 码等常用码制。微软最终于 2015 年 8 月 19 日将

Microsoft Tag 关闭，并选择移动参与解决方案提供商 Scanbuy 继续在 ScanLife 平台上支持 Microsoft Tag 技术。即微软自己不做 Microsoft Tag 了，但我们依然可以通过 Scanlife 平台生成该二维码。

9.1.6　彩码就是三维码吗

我们之前说过二维码可以是彩色的，彩码也是彩色的，两者是否一样呢？应该说是不一样的。普通二维码虽然可以是彩色的，但实际上只是深浅（黑白）两种颜色，而相比传统的二维码组成结构，彩码是由原来的平面矩形二维码，加上 R、G、B、K（红、绿、蓝、黑）四色矩阵而构成的彩色三维矩阵。也就是说彩码的颜色是其组成部分，而不像普通二维码的颜色起装饰功能，因此，从颜色角度而言，彩码可以称之为三维码。

图 9-1-11　彩码样例（一）

虽然，从颜色角度可以称彩码为三维码，但其毕竟是二维图形，因此，仍旧是彩色的二维码。但彩码不仅仅是彩色的二维码，它更是利用其编码特征在图像上做了很大改进。如图 9-1-11 和图 9-1-12 所示，彩码更像图像外观漂亮而不像二维码，因而比较适合做主读应用，只是彩码的识读软件普及率还不高。

图 9-1-12 彩码样例（二）

9.1.7 二维码图形动起来好吗？动画或视频方式呈现的二维码

通常，看到的二维码都是静止状态的，有没有想过活动状态下的二维码会是什么样子？其实，有个简单的方式可以制作动态二维码。就是让二维码深色（黑色）部分固定，然后让浅色（白色）部分作为背景，插入一些动态素材，注意颜色不能太深要和深色部分有足够的对比，这样也能实现活动二维码形式，只是效果一般。之所以说效果一般，是因为这里的二维码实际上没有动，只是因为二维码周边或背景或某些元素是动态的，使得整个画面呈现动态。虽说效果一般，但相比静态的吸引力就大很多了

需要说明的是，这里的静态和动态是就二维码的图形呈现上而言。前面在介绍二维码名片的时候也将二维码分为动态和静态，那边的分类角度和这边是不一样的，那边是以二维码对应内容是动态可变的还是固定的（内容是否可以改变）来区分的。

这里需要介绍以色列的一家二维码公司，他们做的视觉二维码中就有动态活动二维码。视觉码公司利用计算机视觉和机器学原理可以将任何图像、动画甚至是视频转换成有趣又有效的视觉二维码，可被常用二维码识读设备轻松识别。据视觉码提供的数据显示，消费者对视觉二维码的扫描率比传统黑白二维码高出 4 倍。据称已为数万家企业提供了集趣味与效率为一体的移动体验，该公司在 2015 年还获得了阿里巴巴集团的 B 轮投资，并和阿里满天星合作，作为商品溯源码的选择之一。

需要说明的是，视觉码并不一定是活动或动态的二维码，只是它的特点适合和视频或动画结合，组合成动态活动的二维码。视觉码可以是静态的，如图 9-1-13 所示，左侧的视觉码可以用微信等常用二维码解码 APP 解码，右侧的高清视觉码需要使用手机淘宝解码。

图 9-1-13　视觉码图样

由于图书是静态的无法展现动态的二维码，可通过扫码图 9-1-14 中的二维码观看动态二维码样例，以及动态视觉码的介绍。

图 9-1-14　扫码看动态二维码及视觉码介绍

9.1.8　码制的专利问题

手机二维码码制是有一定技术含量的，任一二维码码制都有其发明者，因而其存在专利方面的问题，需要考量其专利方面的风险。QR 码是由日本丰田旗下的 DENSO 公司发明并使用的，DENSO 公司拥有 QR 码的专利权。但针对市场上大量使用的 QR 码，该公司曾明确表示不会使用这项权利。这是开始研发时就已定下来的方针，表达了研发者“希望能有更多的人使用 QR 码”的心声，QR 始终是一种开放的码制，没有专利的壁垒。免费且可放心使用的 QR 码甚至已成为二维码的代名词，在全世界范围内得到广泛应用。”

而 DM 码在专利使用方面则存在一定的风险。据全国信息技术标准化技术委员会的报告，美国的专利猎手公司 Acacia 操纵了好几起 DM 码专利侵权案件的起诉。自 2005 年 4 月起，诺基亚、阿迪达斯、AMD、日立和三菱等公司均因此产生纠纷，最后以付费使用 DM 码技术达成和解。还有几家中国 IT 厂商因为使用 DM 码标准而受到了专利侵权指控。这恐怕也是早期二维码应用使用 DM 码，后期转而使用 QR 码的重要原因之一，这也是 QR 能够广泛流行的重要原因之一。

另外，QR Code 是 Denso Wave 公司的一个注册商标，任何人在使用 QR Code 的字母时，都需要注明商标为 Denso Wave 公司所有的字样，但发布某个具体的 QR Code 则不需要注明。

除专利风险外，技术垄断或将成为制约我国二维码产业发展的另一大因素。据相关人士介绍，QR 码有三个定位点，如果其中任何一个点被污损，除日本相关企业生产的识读设备外，均无法准确读取信息。“在物流、零售等行业中，条码污损极其常见，这意味着大批二维码使用企业将被迫购买昂贵的进口专利设备。”

9.2 相关应用比较

9.2.1 字符串：其实二维码本质上也是一串字符

二维码或者条形码本质上也是一串字符，其和字符串相比最大的优势是省去了人工输入一串字符的麻烦，同时效率大大提高。但二维码一般需要识别设备作为辅助，有一定的硬件成本，而字符串只要人工输入不用增加专用硬件，但两者都需要后台系统软硬件的支撑。具体是选用字符串还是二维码要根据具体的系统情况和使用情况做出判断。随着现在识别设备价格的降低，普通智能手机等设备也能起到读码作用，且微信和支付宝里的卡券也支持二维码的验证方式，使得使用二维码方式验证逐渐成为趋势。

字符串除了手工输入麻烦之外，还有输错的问题。统计研究表明键盘输入数据出错率为三百分之一，光学字符识别技术出错率为万分之一，而采用条形码技术误码率低于百万分之一，而二维码的出错率则更低到几乎可以忽略。

9.2.2 条形码：可以说成是一维码

二维码是在条形码的基础上扩展出另一维具有可读性的条码，使用黑白矩形图案表示二进制数据，被设备扫描后可获得其中所包含的信息。条形码仅在一个维度上记载着数据，而二维码同时在长度、宽度两个维度上均记载着数据，因此，二维码的数据密度及数据总量明显多于同样面积的条形码。二维条码还具有条形码没有的“定位点”和“容错机制”。

总而言之，作为条形码的升级版本，二维码相比条形码的优势是显而易见的。当然，具体用条形码还是二维码也要看使用需求，比如，现在的大部分商品使用的还是条形码，因为其简单方便，主要起到商品分类管理的功能即可，一个条码对应一类商品，且商品条码的应用已经形成了规模。将商品上的条形码都换成二维码，既没有那个必要，实施起来也不容易。

9.2.3 类二维码方式

在早期的二维码凭证应用中，有一个问题比较棘手，就是由于网络及手机终端适配等原因，彩信图片无法做到 100%发送到用户手机里，抑或即使发送到用户手机里，也会出现无法提取图片等原因，导致用户无法收到二维码凭证。这时一个办法是通过短信补发二维码对应的字符串，但字符串需要人工输入发挥不出二维码自动识别的优势。

针对这个问题，有一家公司发明了一种类似二维码的叫 T-code 的图形，这个 T-code 与普通二维码相同，也能够在横向和纵向两个方向、两个维度上同时存储和表达大量信息。如图 9-2-1 所示，T-code 的独特之处在于它是用文本组成的矩阵型条码，无需终端适配，即可通过短信 SMS 方式发送，信息到达率可达 100%。

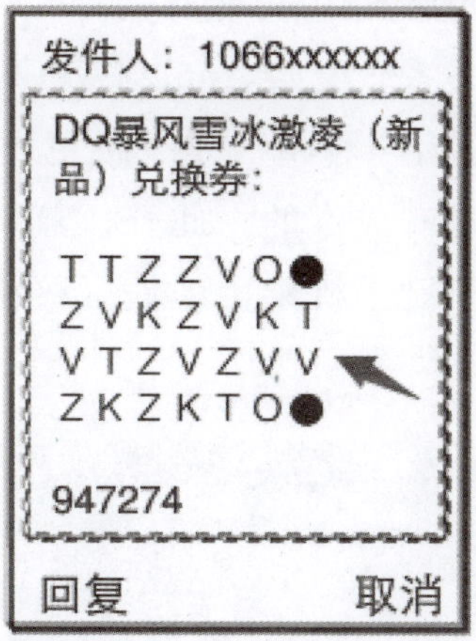

图 9-2-1 T-code 样例

当然，如今随着电信运营商网络、移动互联网及智能手机的发展，二维码已不仅仅是通过短彩信的方式获取，即使是通过短彩信的方式彩信的到达成功率已极大提高，曾经的问题已经不再是问题了。

9.2.4 RFID/NFC：和二维码孰优孰劣

首先来简要介绍一下 RFID 和 NFC。RFID 意为射频识别，是 Radio Frequency Identification 的缩写，是一种非接触式的自动识别技术。RFID 通过射频信号自动识别目标对象，可快速进行物品追踪和数据交换。RFID 技术可工作于各种特殊环境，比如，可识别高速运动物体，并可同时识别多个标签。而无论条形码还是二维码，都需要对准扫码，单次只能扫描单个条码，因此，RFID 相比条码操作方便很多效率极大提升。NFC 近场通信技术是由 RFID 及互联互通技术整合演变而来，在单一芯片上结合感应式读卡器、感应式卡片和点对点的功能，能在短距离内与兼容设备进行识别和数据交换。

NFC 和手机集合可以将手机作为机场登机牌、门禁钥匙、交通一卡通及支付卡等，非常方便。手机带 NFC 功能有两种，一种是手机带有 NFC 功能，这个功能就和运营商没有关系，比如 Apple PAY 不插 SIM 卡也能支付，但前提是手机带有 NFC 功能。还有一种情况是手机更换带有 RFID 功能的 SIM 卡，带 RFID 功能的 SIM 卡也是有成本的，此外，SIM 卡是和运营商绑定的，如图 9-2-2 所示在上海地铁里刷手机乘坐地铁（移动手机支付）应用就是这种模式。

图 9-2-2　移动手机支付通道

RFID/NFC 和二维码的对比主要体现在两个应用领域：凭证和支付。就凭证领域而言，RFID 方式效率更高但成本也高，二维码方式实施相对方便但效率较低，且不适合短时间内的大规模使用。

在线下手机支付领域，主要有两种不同的支付方式，一种是扫码派，典型代表是微信支付和支付宝支付，出示微信或支付宝付款二维码给商户扫码可完成支付。还有一种就是闪付派，需要使用带有 NFC 功能的手机，并通过带有闪付功能的 POS 机完成支付，2016 年 2 月 18 日国内上线的 Apple Pay 就属于闪付的一种。

从使用角度看，Apple Pay 或其他闪付方式自然非常方便。除了部分银行卡或未开通小额支付需输入密码外，Apple Pay 只需使用指纹验证即可几秒钟完成支付。而微信支付或支付宝支付需要联网状态下打开付款码，需要经过多个步骤过程相对烦琐。

Apple Pay 的上线可谓让闪付派又下一层，可是要让 Apple Pay 大规模普及并不容易，目前，国内苹果手机数量占比仅 2 成左右，而且还不是所有苹果都可以使用，还得要 iPhone 6 以上的手机等苹果设备才行。此外，应用场景中的闪付 POS 的比例并不高，普通 POS 的改造升级还需要投入相当大的费用。此外，支持使用 Apple Pay 绑定的银行数量也是有限的。而相比微信支付和支付宝支付的烧钱补贴推广外，使用 Apple Pay 并没有什么优惠，目前，使用者多为体验而使用，用户绑卡的动力并不强大。

闪付方便是方便，但不能像微信支付或支付宝支付等扫码支付方式一样几乎支持所有智能手机，为了使用闪付要单独换一部手机似乎并不现实。这个闪付和扫码的对比，让笔者想起了二维码早期的主读和被读的区别。主读需要额外安装解码软件，有点儿像现在的闪付需要 NFC 手机。而被读对手机没什么要求，只要能接收短彩信即可，很像现在的扫码类支付应用，只要是智能手机就能用。

时过境迁，现在主流 APP 都带上了扫码功能，因而二维码主读成了标配功能，凭证类采用二维码验证也普及了，但因为二维码的开放性大家都能用，也没有谁能从中垄断获益。比如，微信或支付宝卡券内的很多验证都是通过二维码完成，甚至扫码类支付也可谓是一种凭证应用，这个二维码代表的就是你的资金账户。

Apple Pay 仅能让部分苹果用户闪付，带 NFC 功能的安卓设备同样可以完成闪付，比如，现在 Samsung Pay、Huawei Pay 也都出来了。虽然，目前闪付类支付方式因为硬件、商业、成本等因素还不够普及，但如果 Apple Pay 的优势能为市场所认可，相信离从手机或 POS 两头的硬件升级不会太远。从长远而言，闪付因其使用便捷将会成为主流应用。

后记

——《致二维码》

以一首诗作为后记，作为对二维码的热爱！

《致二维码》

二维码

你虽也可以染上色彩

但更多的时候不着颜色

自然黑白

正如你爱憎分明的性格

二维码

你虽也可以妆上图案

但更多的时候不施粉黛

单调方格

却深藏丰富多彩的内涵

二维码

你虽也可以走上前台

但更多的时候不发一言

默默无闻

却连接变幻多元的世界

二维码

朴素中绽放神采

无声中凝聚力量

平凡却创造传奇

渺小却胸怀天下

如果生不能轰轰烈烈

死后

请将我安放于

一枚小小的二维码中

——第五才子

让你的产品迅速卖脱销！

电商图书
旗舰品牌

各种营销工具玩法**全覆盖**！各种电商平台**全打通**！

紧跟微营销流行趋势，有效率地促进**实体店交易**！

精品电商图书

网络营销推广实战宝典
（第2版）
ISBN 978-7-121-27574-6

第1版获全行业优秀畅销书奖！网络营销看本书就够了！

借势：微营销突围之道
ISBN 978-7-121-28085-6

新媒体运营人员必备技能，让你的品牌在微博、微信中疯传！

财富风口：
互联网+时代的创业投资指南
ISBN 978-7-121-27065-9

下一个财富的风口会出现在哪里？

淘宝、京东、苏宁易购、微店，
全平台开店创业全攻略
ISBN 978-7-121-27113-7

在各大电商平台上经营旺铺

Digital Marketing颠覆你的营销想象——金鼠标·数字营销大赛经典案例100集锦（全彩）
ISBN 978-7-121-25848-0

互联网+创意，使营销有趣、有效。

突破微营销
——破译移动互联网密码
ISBN 978-7-121-27411-4

移动互联网全新思维·企业营销人员必读

移动互联网营销宝典
ISBN 978-7-121-24179-6

微信、O2O、二维码、微店……能够落地的移动营销宝典。

引爆新媒体营销
ISBN 978-7-121-27719-1

3大创意方法、7式引爆技巧、4招营销诀窍，助你引爆新媒体，快速营销！

在哪儿可以买到这些书？
线下书店、当当、京东、亚马逊、天猫网店均可购买。

電子工業出版社
PUBLISHING HOUSE OF ELECTRONICS INDUSTRY
http://www.phei.com.cn

电商图书
旗舰品牌

电商教材
豪华套餐

淘宝大学
电商精英系列教程
全新升级

《网店推广》

《数据化营销》

《网店美工》

《网店客服》

《电商运营》

《跨境电商多平台运营》

ISBN 978-7-121-26475-7

阿里速卖通、Amazon、eBay、Wish等跨境B2C实操干货、运营攻略尽在书中！助你在跨境商海中强力启航！

《微信运营管理之道》

ISBN 978-7-121-28696-4

一位高薪的微信运营管理师是如何炼成的！

《跨境电商基础、策略与实战》

ISBN 978-7-121-28044-3

教育部高等学校电子商务专业教学指导委员会指导

"新一代高等学校电子商务实践与创新系列规划教材"

《微信营销运营宝典》

ISBN 978-7-121-28554-7

微信营销学习集大成者

《网店推广宝典（第2版）》

ISBN 978-7-121-20060-6

网店美工2016年完全自学手册

《网店美工宝典（第3版）》

ISBN 978-7-121-28410-6

2016年网店推广完全自学手册
新增天猫"双11"玩法

联系电子工业出版社发行部 010-88254063

電子工業出版社
PUBLISHING HOUSE OF ELECTRONICS INDUSTRY
http://www.phei.com.cn

电商图书
旗舰品牌

重点图书推荐

淘宝大学 电商精英 系列教程

《网店推广.店铺内功》
定价：69.00 元

《网店推广.实战分析》
定价：79.00 元

《网店推广.核心工具》
定价：69.00 元

《网店美工实操》
定价：59.00 元

《网店视觉营销》
定价：59.00 元

《数据化营销》
定价：68.00 元

《流程化管理》
定价：68.00 元

《唯核不破
——互联网+时代创业变革致胜密码》
ISBN 978-7-121-27125-0
“互联网+”时代的本土创业指导新作！

《当时尚遇到跨境电商》
ISBN 978-7-121-29486-0
羽西品牌化妆品创始人、环球小姐中国区总裁、欧莱雅（中国）荣誉副总裁　靳羽西作序力荐

《电商大数据
——数据化管理与运营之道（第2版）》
ISBN 978-7-121-27162-5
电商数据化运营、市场营销、
互联网营销参考书籍。

《微信盈利》
ISBN 978-7-121-29210-1
抓住互联网时间的人性，
就抓住了微信圈子、社群电商的盈利模式。

《社群营销》
ISBN 978-7-121-27804-4
挖掘营销势能，
下一阶段商业营销主旋律。

《借势：微营销突围之道》
ISBN 978-7-121-28085-6
新媒体运营人员必备技能，
让你的品牌在微博、微信中疯传！

在哪儿可以买到这些书？
线下书店、当当、京东、亚马逊、天猫网店均可购买。